SUMÁRIO

SUMÁRIO 1
INTRODUÇÃO 2
1.1 Os aspectos históricos no mundo...9
1.2 Os Aspectos históricos no Brasil...14
2 DEFICIÊNCIA 19
2.1 Apresentação do conceito...19
2.2 A terminologia adotada sobre deficiência 23
3 LEGISLAÇÃO ACERCA DA DEFICIÊNCIA NO
ORDENAMENTO JURÍDICO BRASILEIRO 29
3.1 A proteção das pessoas com deficiência na Constituição de
1988 29
3.2 O tema em legislação esparsa 38
4 FIBROMIALGIA 46
4.1. Conceito de fibromialgia..49
4.2 Causas da fibromialgia..51
4.3 Sintomas da fibromialgia 54
4.4 Diagnóstico da fibromialgia 61
4.5 Tratamento da fibromialgia 62
5 O ENQUADRAMENTO LEGAL DOS FIBROMIÁLGICOS
COMO PESSOAS COM DEFICIÊNCIA: CONSEQUÊNCIAS
JURÍDICAS E SOCIAIS 69
5.1 Consequências jurídicas..70
5.2 Consequências sociais 75
REFERÊNCIAS..81

INTRODUÇÃO

Existe grande dificuldade em garantir que as pessoas com deficiência, em especial a fibromialgia, tenham seus direitos e garantias constitucionais assegurados, considerando o abismo existente entre o que dispõe o ordenamento jurídico brasileiro e as políticas efetivamente adotadas pela sociedade.

Pouco se conhece a respeito da Síndrome da Fibromialgia, entretanto, estudos brasileiros estimam que cerca de 10% da população seja portadora da enfermidade, a qual acomete indivíduos de todas as faixas etárias. Mesmo diante desta ocorrência em proporções tão elevadas, muitos ainda são discriminados e não recebem tratamento adequado – quando recebem algum tratamento.

Diante disto, surge a necessidade de compreender os fibromiálgicos no rol das pessoas com deficiência, para que estes sejam devidamente tratados e tenham seus direitos fundamentais assegurados como saúde de qualidade, oportunidades de trabalho mais dignas e aposentadoria nos casos mais graves da Síndrome, permitindo assim, condições mais humanas de sobrevivência.

Presentes na Constituição Federal estão os chamados Direitos e Garantias Fundamentais, dentre os quais destaca-se o *caput* do art. 5º: "Todos são iguais perante a Lei sem distinção de qualquer natureza..."

É cediço, porém, que esta 'igualdade' entre os indivíduos é relativa desde muito antes da promulgação da Carta Magna brasileira.

Entretanto, em momento algum se chegou a abordar qualquer discussão sobre aqueles indivíduos que não são tratados nem como iguais nem como desiguais, mas são somente excluídos do convívio social.

Apesar de inúmeros progressos da humanidade, determinadas temáticas ainda são arcaicas: como assegurar direitos às pessoas com deficiências se a compreensão da própria definição do termo "deficiência" ainda é capaz de excluir tantos indivíduos com especificidades, porque estas, muitas vezes, são desconhecidas pela sociedade?

É preciso buscar a correta ampliação do rol das deficiências, a efetiva aplicação da Legislação brasileira e a cultura da população neste sentido, para que seja possível garantir maior dignidade àqueles que possuem deficiências, mas são plenamente capazes de cumprir com suas funções dentro da sociedade.

Por meio da análise dos aspectos legais e médicos, baseando-se principalmente na Constituição Federal de 1988, este trabalho objetiva demonstrar a possibilidade da inclusão das pessoas portadoras da Síndrome da Fibromialgia no rol dos indivíduos intitulados "pessoas com deficiência", garantindo-lhes dignidade e igualdade, para um adequado desenvolvimento social. Foram objetivos do trabalho: apresentar de forma sucinta o enquadramento histórico da deficiência no mundo e no Brasil; descrever a conceituação legal e médica sobre o que é uma deficiência, demonstrando para tal diversas visões doutrinárias; conhecer a Síndrome da Fibromialgia apresentando noções gerais sobre suas causas, incidências, formas de tratamento e as conseqüências para os indivíduos com esta síndrome bem como para a sociedade; relacionar a Fibromialgia com os conceitos apresentados de pessoas com deficiência a fim de possibilitar o enquadramento desta conforme as disposições da Constituição Federal de 1988.

O método adotado no presente trabalho foi a realização de pesquisa bibliográfica, utilizando os métodos hipotético-dedutivo, sistemático, analógico e quando da configuração do fibromiálgico como pessoa com deficiência, o método comparativo.

O 1º capítulo apresenta os aspectos históricos da deficiência no mundo e seus reflexos no Brasil, demonstrando a forma como o entendimento adotado pela sociedade a respeito das deficiências contribuiu para que o conceito e o próprio tratamento das pessoas com deficiência pudesse evoluir.

No 2º capítulo, a temática volta-se ao fato de que a principal questão na falta de proteção às pessoas com deficiências encontra-se na dificuldade basilar de conceituar o que é efetivamente uma deficiência. A imprecisão dos significados ocasiona, sobretudo, problemas na aplicação dos conceitos aos casos práticos, fator por vezes essencial à proteção de um indivíduo portador de deficiência.

A deficiência, não é aquela muitas vezes compreendida pela sociedade como a ausência de um membro, a utilização de cadeira de rodas, a loucura ou o retardo mental. Ela está para muito além disso, compreendendo-se inclusive por enfermidades que os indivíduos tidos como 'normais' não são capazes de identificar sem que possuam conhecimento técnico específico.

No 3º capítulo, após a constatação de que grande parte das pessoas com deficiências tem plena capacidade de expressar sua vontade e exercer seus direitos e deveres, o estudo apresenta no contexto legal a realidade das pessoas com deficiência, apresentando várias convenções, tratados, leis e decretos que passaram a tratar e disciplinar o tema no ordenamento jurídico brasileiro.

Junto ao capítulo 4º, após a conceituação de deficiência e uma superficial abordagem sobre a proteção das pessoas com deficiências junto ao ordenamento jurídico brasileiro, o estudo visa apresentar a Síndrome da fibromialgia, seus contornos e especificidades, bem como tem por objetivo inseri-la como enfermidade capaz de compreender o indivíduo que por ela foi acometido como 'pessoa com deficiência', possibilitando que lhe sejam assegurados os direitos e garantias fundamentais ante a sociedade.

A fibromialgia durante muito tempo foi considerada controversa, e seu diagnóstico, ainda é realizado muitas vezes de forma errônea. Entretanto, o Colégio Americano de Reumatologia (American College of Rheumatology) adotou critérios diagnósticos em 1990, os quais incluem dor generalizada, sendo que, a dor musculoesquelética é a manifestação mais frequente quando do diagnóstico da fibromialgia, dor axial (definida como dor na coluna cervical, tórax anterior, coluna torácica ou lombar) e o paciente deve relatar dor em pelo menos 11 de 18 pontos sensíveis específicos na palpação digital. Sintomas ou condições adicionais passíveis de ocorrer, mas que não podem ser compreendidos como critérios diagnósticos incluem fadiga e sono não reparador, síndrome do cólon irritável (SCI), síndrome do tipo Raynaud, cefaléias, edema subjetivo, parestesia, palpitações, incapacidade funcional significativa, incômodo psicológico (incluindo depressão e ansiedade) e queixas cognitivas (especialmente problemas de memória e incapacidade para concentrar-se).

Até o presente não há cura para a fibromialgia, inclusive pela falta de subsídios capazes de identificar o que exatamente a provoca, entretanto, diversos recursos são utilizados a fim de garantir qualidade de vida aos pacientes, como a realização de exercícios físicos e tratamento medicamentoso com analgésicos e antidepressivos.

Por fim, no capítulo 5º, ocorre a demonstração das consequências jurídicas e sociais do enquadramento legal no ordenamento jurídico brasileiro dos fibromiálgicos como pessoas com deficiência. Por tratar-se de uma condição que limita a capacidade de exercer uma ou mais atividades cotidianas, a fibromialgia deve ser compreendida como uma deficiência. Isto porque de acordo com a Convenção da Guatemala, visando a eliminação de todas as formas de discriminação contra a pessoa portadora de deficiência, "o termo deficiência significa uma restrição física, mental ou sensorial, de natureza permanente ou transitória, que limita a capacidade de exercer uma ou mais atividades essenciais da vida diária, causada ou agravada pelo ambiente econômico e social."

E, sendo uma deficiência, deve ter seus valores de igualdade de tratamento e oportunidade atendidos, nos exatos termos que preceitua a legislação, o que permite, conforme será demonstrado adiante, a efetivação de políticas públicas para os fibromiálgicos especialmente no tocante ao desenvolvimento mais próximo do normal destes indivíduos. Estas políticas garantem a visibilidade da fibromialgia como condição de milhares de pessoas nas mais diversas faixas etárias e permitem que direitos lhes sejam garantidos, como é o caso dos benefícios previdenciários, viabilizando o desenvolvimento humano mais digno e das isenções tributárias, permitindo a aquisição de bens com melhores condições, com consequente participação de todos na economia do país.

1 HISTÓRICO DA DEFICIÊNCIA

1.1 Os aspectos históricos no mundo

Desde os primeiros relatos sobre as pessoas com deficiências, inúmeras demonstrações de preconceito e discriminação são encontradas, ainda assim, todas as formas de tratamento dado àquelas pessoas contribuíram para que nas mais diversas épocas o conceito sofresse alterações significativas, tal como ocorria em Esparta.

> Na Grécia antiga especialmente na cidade de Esparta, por exemplo, quando uma criança nascia, os pais apresentavam-na a funcionários do Estado que avaliavam se a "robustez" do recém-nascido valeria o esforço que sua educação exigiria. Se não valesse, o bebê seria jogado do alto do **monte Taigeto**, localidade onde eram destinados todos os recém-nascidos com alguma deficiência que agredisse a estética quase que perfeita dos espartanos.[1]

A avaliação realizada pelos funcionários do Estado ocorria pelo fato de que naquela época a intenção tida quando da educação das crianças era a de criar verdadeiros guerreiros a fim de compor seu exército de vitórias e, ter

---

[1] ANDRADE, Fábio Santos de. **Fatos históricos sobre os portadores de necessidades especiais e também o contexto historiográfico dos jogos e brincadeiras ao longo dos tempos.** Disponível em: <http://www.webartigos.com/articles/22485/1/FATOS-HISTORICOS-SOBRE-OS-PORTADORES-DE-NECESSIDADES-ESPECIAIS-E-TAMBEM-O-CONTEXTO-HISTORIOGRAFICO-DOS-JOGOS-E-BRINCADEIRAS-AO-LONGO-DOS-TEMPOS/pagina1.html>. p.7. Acesso em: 12.mar.2011.

pessoas com alguma deformidade entre os seus, poderia demonstrar a fraqueza do povo.

Sêneca, afirma que no século XV, as crianças com deformidades eram atiradas nos esgotos de Roma, como sinal de repudia.

> Matam-se cães quando estão com raiva; exterminam-se touros bravios; cortam-se as cabeças das ovelhas enfermas para que as demais não sejam contaminadas; matamos os fetos e os recém-nascidos monstruosos; se nascerem defeituosos e monstruosos afogamo-los, não devido ao ódio, mas à razão, para distinguirmos as coisas inúteis das saudáveis.[2]

Os hebreus viam a deficiência física ou sensorial, como uma espécie de punição de Deus, e impediam os portadores de deficiência de ter acesso à religiosidade.

> Na civilização hebraica a discriminação era manifesta nas leis, Moisés escreve em "Levítico" que o homem com deformidade corporal não pode fazer oferenda a Deus, e nem se aproximar de seu ministério. A deficiência era vista pelos antigos hebreus, como indicadora de impureza, remissão de pecados antigos, interferência de maus espíritos e das forças más da natureza.[3]

---

[2] Sêneca *apud* SILVA, Otto Marques da. **A epopéia ignorada:** a pessoa deficiente na história do mundo de ontem e hoje. São Paulo: Cedas, 1986, p. 129.b.

[3] SCHEWINSKY, Sandra Regina. **A barbárie do preconceito contra o deficiente:** todos somos vítimas. Disponível em: http://www.actafisiatrica.org.br/v1%5Ccontrole/secure/Arquivos/AnexosArtigos/A87FF679A2F3E71D9181A67B7542122C/artigo%2001%20acta_v11_n01.pdf>. p.8. Acesso em: 28.ago.2011.

Há, em contrapartida, relatos de povos que cuidavam de seus deficientes e lhes designavam importantes funções, dentre as quais se destaca a religiosa. Isto era feito pelos Hindus por acreditarem que as pessoas com deficiências visuais eram mais sensitivas que as demais.[4]

Outro caso capaz de demonstrar a preocupação com a qualidade de vida de pessoas que fossem entendidas como deficientes era o de Atenas, influenciada pelo pensamento aristotélico e agiam da mesma maneira os romanos, por influência daquela. Atenas mantinha um sistema bastante parecido com o regime da Previdência Social, onde pessoas contribuíam financeiramente para garantir a manutenção de heróis de guerra e seus familiares.[5]

Entretanto, de acordo com Fábio de Andrade, certo período, até mesmo estes povos tiveram dúvidas quanto ao modo que procediam.

> Em dado momento da história, hebreus e hindus discutiam se a conduta adequada seria a assistencial, ou a readaptação destes deficientes para o trabalho que lhes fosse apropriado. Um exemplo mitológico da concepção antiassistencialista e profissionalizante é a figura de Hefesto, que ao nascer foi rejeitado pela mãe e foi jogado do alto do monte Olimpo e resgatado e criado por um casal, por ironia do destino, salvou sua mãe Hera de uma briga fatídica com seu pai Zeus; seu pai com raiva jogou-o no vulcão Etna e foi designado a forjar as armas e

---

[4] ANDRADE, *Op. Cit.* p.9
[5] *Idem.*

escudos dos deuses, a despeito de sua deficiência nos membros inferiores.[6]

Já na Idade Média, período marcado pelas péssimas condições de subsistência da população, o nascimento de pessoas com deficiência, tal como ocorria como os Hebreus, era entendido como castigo advindo de Deus. Para Martinho Lutero, as pessoas com deficiências eram seres diabólicos que precisavam ser submetidos às mais diversas formas de tortura a fim de atingir a purificação.[7]

À medida que chega a Idade Média, a relação da diferença física com o pecado volta a ser intensificar, demonstrando que o assunto é recorrente. Segundo Fábio de Andrade, trata-se de uma relação surgida de há muito perante sociedades predominantemente religiosas, apresentando inclusive questões bíblicas.

> [...] em sociedades como a judaica que já coloca no Antigo Testamento referências a esse respeito. A Bíblia no Novo Testamento também se refere aos cegos, surdos, aleijados e leprosos como pessoas que tinham cometido algum pecado e por esse motivo sofriam tais "penalidades" físicas. Portanto é compreensível que a Igreja Católica tenha manipulado a sociedade medieval neste sentido. Tanto que os castigos impostos ao corpo tais como as flagelações, a fogueira e as torturas da Santa Inquisição representavam a purificação dos

---

[6] *Idem*.

[7] DANTAS, Lucas. **Inclusão PNE porque diferenças não existem:** Histórico de deficiência. Disponível em: <http://inclusaopne.blogspot.com/2008/09/historico-de-deficiencia.html>. Acesso em: 08 mar. 2011.

pecadores, intensificando a idéia de que o corpo era o reflexo de tudo o que a alma cometia de errado.[8]

Entre os séculos XVI e XIX, ocorreu o surgimento do primeiro hospital psiquiátrico da Europa, onde não havia qualquer forma de tratamento e não passava de um local para abandono destas pessoas. Inobstante, nos locais onde não havia hospital, os deficientes eram deixados em asilos, albergues ou nas igrejas.[9]

Somente no século XX, as pessoas com deficiências passaram a ser consideradas cidadãs. Ainda que de forma assistencial, a Declaração Universal dos Direitos Humanos passou a introduzir a proteção das pessoas com deficiências.[10]

Foi neste século que as mais importantes evoluções aconteceram no mundo. Nos anos 60, com vistas a combater a discriminação, diversos movimentos sociais foram criados por famílias das pessoas com deficiências nos EUA. Na década seguinte, com a oclusão da Guerra, foram organizadas pesquisas e teorias para melhorar a qualidade de vida dos mutilados. Por fim, nos vinte anos que se seguiram, a inclusão das pessoas com deficiências passou a ocorrer com o auxílio de declarações e tratados internacionais.[11]

---

[8] ANDRADE, *Op. Cit.* p. 9.
[9] DANTAS, *Op. Cit.* p. 1.
[10] *Idem.*
[11] *Idem.*

1.2 Os Aspectos históricos no Brasil

O início da abordagem acerca da deficiência no Brasil não tem limite muito bem delineado. A criação da "Roda dos Expostos[12]", a primeira em Salvador em 1726, a segunda no Rio de Janeiro, em 1738 e terceira em São Paulo, no ano de 1825, pode ter facilitado a entrada de crianças com alguma anomalia, cujos pais ou responsáveis estavam impossibilitados de criá-los, ou mesmo não os desejavam.[13]

Em seguida, no ano de 1913, Basílio de Magalhães, abordando o tratamento desumano dado às crianças que possuíam alguma deficiência, afirmava que "por nenhum dos meios usuais de comunicação de pensamento não se cuidou em nossa pátria, da infância degenerada, quer atingida por "anomalias" lesionais do cérebro, quer da combalia por anomalias ou traumas menos graves".[14]

No período do Brasil Colonial, pouco se fala sobre deficiência. Segundo Carolina Matos, foi somente a partir do Segundo Império que D. Pedro II, que fez uma referência, ainda que muito superficial sobre o assunto.

---

[12] Roda dos Expostos: dispositivo com origem medieval, inicialmente utilizada para garantir o máximo de isolamento dos monges reclusos, e posteriormente adotada para preservar o anonimato daqueles que depositavam nela bebês enjeitados.

[13] NOGUEIRA, Carolina de Matos. **A história da deficiência:** tecendo a história da assistência a criança deficiente no Brasil. 2008.p.08. Dissertação (Mestrado) - Departamento de Ciências Sociais Programa De Pós-graduação De Mestrado Em Políticas Públicas E Formação Humana, Universidade do Estado do Rio de Janeiro, Rio de Janeiro, 2008.

[14] Basílio de Magalhães *apud* NOGUEIRA, *Op. Cit.* p. 9

> D. Pedro II, resolveu fazer o recolhimento pelas desvalidas (meninas que ficavam órfãs e não tinha para onde ir). Como não existia nessa época o direito a saúde, a moradia e etc. Ficavam-se especulando as causas pelas mortes dos órfãos, tais como peste, epidemias, mães de leite que não cuidavam direito e assim por diante. O que existia nessa época era o direito a esmola que lhe eram dadas, o sistema caritativo predominava, por exemplo todo imposto que fosse recolhido a mais, era repassado para a igreja, como também existiam as doações.[15]

Ainda na vigência do Segundo Império, porém muitas décadas depois surgem as primeiras iniciativas visando tornar a população das pessoas com deficiências um conjunto produtivo e útil ao mercado de trabalho. Estas medidas demonstravam-se muito importantes porque diminuiriam os gastos dos cofres públicos e os gastos dos particulares com a manutenção de asilos, manicômios e penitenciárias. No mesmo período, outras medidas foram tomadas por pessoas influentes no governo, com o objetivo de contribuir para que este criasse institutos destinados ao atendimento e à profissionalização de jovens cegos ou surdos, com até 14 anos.[16]

---

[15] NOGUEIRA, *Op. Cit.* p. 9

[16] Gilberta de Martino Jannuzzi, *apud* FREITAS, Ana Paula Ribeiro. **A educação escolar de jovens e adultos com deficiência:** do direito conquistado à luta por sua efetivação. 2010. p. 36. Dissertação (Mestrado) - Curso de Educação, Departamento de Faculdade de Educação, Universidade de São Paulo, São Paulo, 2010.

Cumpre ressaltar que apesar da iniciativa ter sido importante, a criação desses institutos não cumpriu com seus objetivos.

> [...] a criação desses institutos, além de não conseguir atender a demanda da época, contribuiu para a consolidação de uma política de favor voltada a este segmento, já que as crianças atendidas eram consideradas inválidas e sem condições de exercer sua cidadania fora destes locais.
> [...] a criação destes institutos refletiu o caráter assistencialista que perpassou a história da educação especial no Brasil.[17]

Inobstante, apesar da autora neste caso fazer referência à história da educação especial no Brasil, este caráter assistencialista acaba por permear todo o contexto em que o portador de deficiências estava inserido, assim dispõe Carolina Nogueira ao mencionar que "no século XX, os Portadores de deficiências passam a ser vistos como cidadãos com direitos e deveres de participação na sociedade, mas sob uma ótica assistencial e caritativa".[18]

Neste momento histórico, constata-se que o objetivo não foi outro senão o de diminuir gastos e preocupações despendidos com todas as pessoas com deficiências ajudá-los significava para muitos a sensação de dever cumprido, mesmo que isso jamais fosse capaz de promover um real desenvolvimento do indivíduo.

---

[17] FREITAS, *Op. Cit.* p.36
[18] NOGUEIRA, *Op. Cit.* p.10.

Anos mais tarde, observa-se que o movimento iniciado na década de 60 nos Estados Unidos permitiu que o Brasil pudesse abordar a questão da inclusão das pessoas com deficiência de forma mais aprofundada. Assim, Carolina Nogueira demonstra o aparecimento das primeiras críticas à segregação e à falta real de assistência, ao afirmar que nesta década "pais e parentes de pessoas deficientes organizam-se. [...] Teóricos defendem a normalização, ou seja, a adequação do deficiente a sociedade para permitir sua integração".[19]

Precisamente em 1978, a Constituição da República Federativa do Brasil sofreu a primeira alteração significativa sobre o tema, onde passou a ser assegurada aos deficientes, a melhoria das condições econômicas e sociais.[20]

Vinte anos mais tarde, a Constituição da República passou a dispor sobre as áreas de saúde, assistência e benefícios para as pessoas com deficiências. Neste mesmo momento deu-se início às primeiras abordagens do tema 'acessibilidade' para diminuir as diferenças que tanto obstavam o cumprimento do artigo 5º da Carta Magna.[21]

Em 1989, a promulgação da Lei 7.853, criou-se a Coordenadoria Nacional da Pessoa Portadora de Deficiência

---

[19] NOGUEIRA, *Op. Cit.* p.10.
[20] DANTAS, *Op. Cit.* p.1
[21] Art. 5º Todos são iguais perante a lei, sem distinção de qualquer natureza, garantindo-se aos brasileiros e aos estrangeiros residentes no País a inviolabilidade do direito à vida, à liberdade, à igualdade, à segurança e à propriedade.

no âmbito do Ministério da Justiça e, na mesma oportunidade, foram estabelecidos princípios e diretrizes da Política Nacional da Pessoa Portadora de Deficiência, abordando áreas como: saúde, educação, formação profissional e possibilidade de exercer atividade laborativa.[22]

E, como grande demonstração de desenvolvimento, no ano 2000, a Lei 10.048, passou a tratar de normas e critérios para que a acessibilidade das pessoas com deficiências ou com mobilidade reduzida pudesse ter adoção efetiva pela sociedade.[23]

---

[22] DANTAS, *Op. Cit.* p.1
[23] *Idem.*

2 DEFICIÊNCIA

2.1 Apresentação do conceito

Diante da adoção de medidas protetivas pela sociedade, a principal questão na falta de proteção às pessoas com deficiências encontra-se na dificuldade basilar de conceituar o que é deficiência. A imprecisão dos significados ocasiona, sobretudo, problemas na aplicação dos conceitos aos casos práticos, fator por vezes essencial à proteção de um indivíduo portador de deficiência.

Diante disso, faz-se necessário primeiramente esclarecer o conceito de deficiência para somente então, desenvolver um estudo acerca da proteção dos indivíduos assim compreendidos.

A doutrina utiliza-se de inúmeras terminologias para conceituar a pessoa portadora de alguma condição especial, tais como: indivíduos de capacidade limitada, minorados, impedidos e descapacitados. Vale, porém, destacar as seguintes expressões: excepcional, deficiente e pessoa portadora de deficiência.[24]

Tais conceitos não são necessariamente encontrados em aplicações feitas pelas ciências da Saúde, como a Medicina. Isto porque, em função da utilização de linguagem

---

[24] SILVA, Cristiane Ribeiro da. **Panorama histórico dos direitos sociais e a pessoa portadora de deficiência.** Disponível em: <http://www.lfmaia.com.br/site/index.php?option=com_content&task=view&id=47&Itemid=43>. Acesso em: 12.mar.2011. a.

técnica, o significado de deficiência mostra-se conflituoso para o Direito e para as Ciências Médicas.

De acordo com Conrado Segalla, as preocupações do Direito e da Medicina são distintas.

> Enquanto para o Direito o principal interesse são as conotações sociais e culturais do problema, a Medicina (e demais disciplinas da área da Saúde) preocupa-se com as manifestações patológicas. Tanto que é importante frisar que a deficiência, no universo jurídico, não se confunde com incapacidade jurídica, sendo que todo incapaz por saúde é definido como deficiente mas apenas uma pequena parcela dos deficientes pode ser incluída na categoria dos incapazes.[25]

Não há, portanto, como utilizar uma denominação em comum ao Direito e à Medicina, pois o viés adotado para o estudo das deficiências em uma e outra, são absolutamente distintos. Entretanto, é imprescindível avançar no conhecimento do tema estudado a fim de encontrar denominação passível de ser utilizada no presente trabalho.

Conforme João Baptista Cintra Ribas, a sociedade é um corpo social que deve estar em ordem e o corpo humano, neste mesmo sentido, deve acompanhar a ordem social, sendo assim, entende que

---

[25] SEGALLA, Conrado Rodrigues; ALENCAR, Priscila Montoro de (Org.). Manicômio: O tapete da sociedade? Uma breve reflexão sobre o movimento antimanicomial e a aplicação de medida de segurança aos portadores de deficiência mental.. In: ARAUJO, Luiz Alberto David. **Direito da Pessoa Portadora de Deficiência:** uma tarefa a ser completada. Bauru: Edite, 2003. p. 67.

> Um corpo deficiente seria, sob este raciocínio, um corpo que apresenta necessariamente disfunções, incapacidades e não estaria em ordem. Um corpo que não está em ordem consequentemente não poderá alcançar o progresso tão desejado. Logo, será um corpo fadado a não ter realizações, a não ter progressos, a ser sempre dependente.
> Assim, para avaliar o grau de deficiência de uma pessoa, temos de avaliar quantas exigências de seu meio ela é incapaz de satisfazer e até que ponto a sua resposta está distante do nível normal[26]

Tal conceituação demonstra em linhas gerais que uma pessoa deficiente é, sobretudo alguém limitado diante do padrão definido pela sociedade. Entretanto, não exprime um conceito suficientemente abrangente para o estudo das pessoas com deficiência, segregando ainda mais a sociedade de forma a excluir aqueles que fogem dos padrões do homem médio.

Em 1980, a Organização Mundial da Saúde – OMS, buscando ter a uniformização do tema, publicou uma classificação internacional a fim de compor o tema das deficiências. Destarte, dispôs que deficiência diz respeito a uma anomalia da estrutura ou aparência do corpo humano e do funcionamento de um órgão ou sistema, sendo, habitualmente, uma perturbação do tipo orgânica, podendo ser observada sob dois aspectos distintos: a incapacidade e o *handcap*[27].

---

[26] RIBAS, João Baptista Cintra. **O que são pessoas deficientes.** 6ª. Ed. São Paulo: Brasiliense, 1994. p.17.

A incapacidade relaciona-se às conseqüências da deficiência em torno do rendimento funcional e da atividade da pessoa, sendo entendida como uma perturbação pessoal.

Já o *handcap,* aborda as limitações experimentadas pelo indivíduo em virtude da deficiência e da incapacidade, tratando principalmente, das relações da pessoa no meio social e sua adaptação a ele.

Exemplificando a classificação definida pela OMS, temos o caso de um indivíduo que sofre um acidente e tem amputada uma das pernas acima do joelho. Neste caso teremos que a deficiência deste indivíduo é a perda parcial da perna e sua incapacidade é a redução na habilidade de se locomover. O *handcap,* porém, seria a redução da capacidade de trabalhar, de participar das atividades sociais normais, como a prática de esportes.[28]

Apesar de demonstrar um grande desenvolvimento no plano das deficiências, a abordagem realizada pela OMS, não traz um conceito suficientemente hábil capaz de englobar a totalidade de pessoas que possuem alguma alteração orgânico-funcional.

Uma definição que não limita o conceito e não apresenta termos pejorativos, é a de Antonio de Vasconcelos

---

[27] Handcap significa limitação.

[28] CALAIS, Camila Leal; GUIJARRO, Elaine Campos. A proteção internacional da pessoa portadora de deficiência mental. In: ARAUJO, Luiz Alberto David. **Direito da Pessoa Portadora de Deficiência:** uma tarefa a ser completada. Bauru: Edite, 2003. p.12.

que aduz, em linhas gerais que "portador de deficiência é qualquer indivíduo que apresente uma limitação física ou mental que o traga abaixo do padrão-modelo fixado pelo grupo social".[29]

Neste sentido, a definição mais relevante sobre o tema afirma que:

> A deficiência é a alteração completa ou parcial de um ou mais segmentos do corpo humano e acarreta o comprometimento de algum ou alguns desses segmentos ou de função psicológica, fisiológica ou anatômica. Ocorre em virtude de uma limitação física ou mental que nem sempre atinge os limites da incapacidade jurídica. A grande maioria das pessoas portadoras de deficiências está apta a expressar sua vontade, a exercer seus direitos e os quer exercer.[30]

Nos termos do citado autor, a pessoa que apresenta alguma deficiência possui uma limitação seja ela física ou mental, mas não pauta-se somente nesta definição objetiva, adota intrinsecamente a postura que passa a ter ao reconhecer esta limitação e age com igualdade face ao meio social.

2.2 A terminologia adotada sobre deficiência

---

[29] BENJAMIN, Antonio Herman de Vasconcelos e. **A tutela das pessoas portadoras de deficiência pelo Ministério Público.** São Paulo: Revista Advocacia Pública & Sociedade, 1997. p.15-16.
[30] ARAUJO, Luiz Alberto David et al. (Org.). Pessoa Portadora de Deficiência: o enquadramento constitucional dos fenilcetonúricos. In: ARAUJO, Luiz Alberto David et al. **A proteção da pessoa portadora de deficiência:** um instrumento de cidadania. Bauru: Edite, 2006. a. p.36.

Em cada período vivido pela sociedade, o enfoque dado às pessoas com deficiência sofreu alterações, no mesmo sentido a nomenclatura também sofreu mudanças e adaptações. Diante disto, faz-se necessária a busca pelo termo mais adequado a ser adotado neste estudo.

Romeu Kazumi Sassaki, inicialmente alerta sobre a inexistência de um nome correto para designar o indivíduo com deficiência.

> Comecemos por deixar bem claro que jamais houve ou haverá um único termo correto, válido definitivamente em todos os tempos e espaços, ou seja, latitudinal e longitudinalmente. A razão disto reside no fato de que a cada época são utilizados termos cujo significado seja compatível com os valores vigentes em cada sociedade enquanto esta evolui em seu relacionamento com as pessoas que possuem este ou aquele tipo de deficiência.[31]

Sendo assim, ainda que não haja uma terminologia correta e definitiva, cumpre tratar dos termos mais expressivos a respeito da trajetória da deficiência no Brasil a fim de facilitar a compreensão do tema.

Inicialmente, em meados de 1920, o termo invalidez era o adotado para designar aquele indivíduo que tinha uma

---

[31] SASSAKI, Romeu Kazumi. **Como chamar as pessoas que têm deficiência?** Disponível em: <http:// http://saci.org.br/index.php?modulo=akemi¶metro=5497>. Acesso em: 23 nov. 2011.

deficiência, no sentido de que seria um fardo para a família, sem funções na sociedade.[32]

Por volta do ano de 1960, a sociedade passou a reconhecer que as pessoas com deficiências poderiam não ter capacidade ou tê-la reduzida no desempenho de suas funções físicas, profissionais ou sociais. Neste momento, a denominação era referente à incapacidade dos indivíduos.[33]

Até 1980, a sociedade passou a tratar das deficiências encontradas em detrimento das pessoas, reforçando somente o que estas não conseguiam fazer em relação aos indivíduos tidos como normais. Três eram as abordagens mais comuns: defeituosos, entendidos como pessoas que apresentavam deformidades físicas; deficientes, compreendidos pelos indivíduos com limitações físicas para o desempenho de suas funções básicas e excepcionais, para aqueles que apresentavam restrições intelectuais.[34]

De 1981 até meados de 1987, adotou-se a deficiência como adjetivo para a pessoa. Foi neste momento histórico que inúmeras organizações pressionaram a ONU na busca pela dignidade de tratamento, a qual intitulou o ano de 1981 como o "Ano Internacional das Pessoas Deficientes".[35]

Até o ano de 1993 aproximadamente, o termo pessoa deficiente passa a ser contestado, por sinalizar que a pessoa

---

[32] *Idem.*
[33] *Idem.*
[34] SASSAKI, Op. Cit.
[35] *Idem.*

seria no todo deficiente. Adotou-se então como melhor denominação o termo "pessoa portadora de deficiência", onde a deficiência seria um detalhe da pessoa.[36]

Em consonância com o momento histórico, Luiz Alberto David Araújo, entendia que a expressão mais adequada para fazer alusão aos indivíduos que apresentam alguma limitação, seria "pessoa portadora de deficiência", isto porque concederia mais destaque ao indivíduo e menos a limitação que possui. Há valorização da pessoa e a deficiência passa a ser apenas uma característica que apresenta.[37]

Com o advento do Século XXI, o termo escolhido, de acordo com Sassaki, passa a ser pessoa com deficiência.

> Os movimentos mundiais de pessoas com deficiência, incluindo os do Brasil, estão debatendo o nome pelo qual elas desejam ser chamadas. Mundialmente, já fecharam a questão: querem ser chamadas de "pessoas com deficiência" em todos os idiomas. E esse termo faz parte do texto da Convenção Internacional para Proteção e Promoção dos Direitos e Dignidade das Pessoas com Deficiência, a ser aprovada pela Assembléia Geral da ONU em 2003 e a ser promulgada posteriormente através de lei nacional de todos os Países-Membros.[38]

---

[36] *Idem.*

[37] ARAUJO, Luiz Alberto David. **A Proteção Constitucional das Pessoas Portadoras de Deficiência.** Brasília: Corde, 1996. b. p.21.

[38] SASSAKI, Op. Cit.

Tal denominação confere à pessoa o poder acerca de sua própria vida, com seus direitos assegurados e a responsabilidade que possui de contribuir para o desenvolvimento da sociedade rumando para a inclusão e a igualdade de todos.

Por fim, Sassaki demonstra a necessidade de priorizar mais o indivíduo e menos as características que apresenta, ao afirmar que:

> Cabe, portanto, à sociedade eliminar todas as barreiras físicas, programáticas e atitudinais, para que as pessoas com necessidades especiais possam ter acesso aos serviços, lugares, informações e bens necessários ao seu desenvolvimento pessoal, social, educacional e profissional.[39]

A deficiência apresenta-se, sobretudo, como um conceito social, adotado para além do estudo jurídico: aquele que hoje é considerado um individuo com deficiência, amanhã, com as alterações de comportamento e pensamento sociais, pode não sê-lo. Desta forma, mostra-se imprescindível priorizar o indivíduo e eliminar as barreiras de nomenclatura, posto que as pessoas com deficiência não visam escondê-las, mas apresentá-las à toda a sociedade de forma digna, valorizando suas condições e permitindo o desenvolvimento humano pautado no respeito pelas diferenças.

---

[39] SASSAKI, Romeu Kazumi. **Inclusão:** construindo uma sociedade para todos. Rio de Janeiro: Wva, 1997. p.47.

3 LEGISLAÇÃO ACERCA DA DEFICIÊNCIA NO ORDENAMENTO JURÍDICO BRASILEIRO

3.1 A proteção das pessoas com deficiência na Constituição de 1988

Sendo considerada a pessoa portadora de deficiência uma realidade social em todo o mundo, o ordenamento jurídico tem por obrigação resguardar seus direitos e deveres.

A Constituição Imperial de 1824, em seu art. 179, apresenta dois incisos contendo apenas o direito à igualdade no tocante ao acesso a cargos públicos.

> Art. 179. [...]
> XIII. A Lei será igual para todos, que proteja, quer castigue, e recompensará em proporção dos merecimentos de cada um.
> XIV. Todo cidadão pode ser admitido aos Cargos Públicos Civis, Políticos ou Militares, sem outra diferença, que não seja dos seus talentos, e virtudes.

De acordo com a autora Glaucia Lopes, as expressões "virtudes" e "talentos" possuíam cunho bastante subjetivo, o que permitia que o administrador pudesse designar à vaga, quem melhor lhe conviesse.[40]

Junto à Constituição de 1981, são dois os artigos com expressões merecendo destaque, principalmente porque é

---

[40] LOPES, Glaucia Gomes Vergara. **A Inserção do portador de deficiência no mercado de trabalho:** a efetividade das leis brasileiras. São Paulo: Ltr, 2005. p.20

nesta Constituição em que aparece pela primeira vez, o direito aos portadores de deficiência.

> Art. 72. A Constituição assegura a brasileiros e a estrangeiros residentes no País a inviolabilidade dos direitos concernentes à liberdade, à segurança individual e à propriedade, nos termos seguintes:
> § 2º - Todos são iguais perante a lei.
> A República não admite privilégios de nascimento, desconhece foros de nobreza e extingue as ordens honoríficas existentes e todas as suas prerrogativas e regalias, bem como os títulos nobiliárquicos e de conselho.
> Art. 75. A aposentadoria só poderá ser dada aos funcionários públicos em caso de invalidez no serviço da Nação.

O artigo 72, mais uma vez apresenta o princípio da igualdade enquanto que junto ao art. 75, é assegurado o direito à aposentadoria aos empregados públicos. Neste momento histórico se assegura constitucionalmente tal proteção ainda que em linhas bastante gerais.

Dando continuidade ao estudo legislativo, a Constituição de 1934, introduz questões bastante novas acerca da invalidez e da igualdade aos trabalhadores.

> Art. 121. A lei promoverá o amparo da produção e estabelecerá as condições do trabalho, na cidade e nos campos, tendo em vista a proteção social do trabalhador e os interesses econômicos do País.
> § 1º - A legislação do trabalho observará os seguintes preceitos, além de outros que colimem melhorar as condições do trabalhador:
> a) proibição de diferença de salário para um mesmo trabalho, por motivo de idade, sexo, nacionalidade ou estado civil;

> [...]
> h) assistência médica e sanitária ao trabalhador e à gestante, assegurando a esta descanso antes e depois do parto, sem prejuízo do salário e do emprego, e instituição de previdência, mediante contribuição igual da União, do empregador e do empregado, a favor da velhice, da invalidez, da maternidade e nos casos de acidentes de trabalho ou de morte;
> Art. 138. Incumbe à União, aos Estados e aos Municípios, nos termos das leis respectivas:
> a) assegurar amparo aos desvalidos, criando serviços especializados e animando os serviços sociais, cuja orientação procurarão coordenar.

Apesar de apresentar detalhes bastante específicos da invalidez no âmbito trabalhista, os artigos acima elencados demonstram a tentativa de garantir maior amparo aos deficientes, ainda que na visão de Glaucia Lopes, deixem "transparecer uma visão assistencialista".[41]

Em seguida, a Constituição de 1946, vem para reafirmar os direitos previstos na carta magna anterior e, no cerne do direito do trabalho, passa a estabelecer a obrigatoriedade de garantir ao trabalhador os benefícios de seguro por acidente de trabalho por parte do empregador e assistência médico-hospitalar preventiva para o trabalhador.

A Constituição de 1967, preservou os direitos adquiridos anteriormente e demonstrou a preocupação do legislador com a criação e a manutenção de fontes de custeio para a previdência social, especialmente no que compete à prestação de serviços de caráter assistencial.

---

[41] LOPES, *Op. Cit.* p.20.

> Art. 158. A Constituição assegura aos trabalhadores os seguintes direitos, além de outros que, nos termos da lei, visem à melhoria, de sua condição social:
> XVI - previdência social, mediante contribuição da União, do empregador e do empregado, para seguro-desemprego, proteção da maternidade e, nos casos de doença, velhice, invalidez e morte;
> XVII - seguro obrigatório pelo empregador contra acidentes do trabalho;
> XIX - colônias de férias e clínicas de repouso, recuperação e convalescença, mantidas pela União, conforme dispuser a lei;

Efetivamente, a Constituição de 1967 não apresentou avanços tão expressivos em relação ao direito das pessoas com deficiência, entretanto, duas emendas realizadas à esta Constituição merecem especial destaque.

Primeiramente, a emenda nº 1, dispôs sobre a assistência à maternidade, à infância e à adolescência e sobre a educação de excepcionais, junto ao parágrafo 4º do art. 175. De acordo com Glaucia Lopes, "[...] esta é a primeira vez que um texto constitucional menciona expressamente a assistência educacional às pessoas com deficiência, utilizando-se de expressão hoje considerada inadequada".[42]

Em seguida, no ano de 1978, realiza-se a Emenda Constitucional nº 12, a qual representa uma evolução na proteção constitucional às pessoas com deficiência, inserindo-as na vida econômica e apresentando noções preliminares acerca da acessibilidade.

---

[42] LOPES, *Op. Cit.* p.21.

> As Mesas da Câmara dos Deputados e do Senado Federal, nos termos do artigo 49 da Constituição Federal, promulgam a seguinte emenda ao texto constitucional:
>
> Artigo único - É assegurado aos deficientes a melhoria de sua condição social e econômica especialmente mediante:
>
> I - educação especial e gratuita;
>
> II - assistência, reabilitação e reinserção na vida econômica e social do país;
>
> III- proibição de discriminação, inclusive quanto à admissão ao trabalho ou ao serviço público e a salários;
>
> IV - possibilidade de acesso a edifícios e logradouros públicos.

Sem dúvidas estes direitos definiram mais um marco histórico, considerando especialmente que esta emenda é anterior à Convenção 159[43] da OIT e que no momento em questão a OIT havia aprovado somente a Recomendação nº 99[44] e a Convenção nº 111[45].

Tamanha a importância desta proteção legislativa, Luiz Alberto David Araújo destaca suas impressões.

> Sem dúvida, a Emenda n. 12 representou grande avanço na proteção das pessoas portadoras de deficiência. Serviu de base para uma série de medidas judiciais (a ação dos deficientes que

---

[43] Convenção 159 da OIT: convenção sobre reabilitação profissional e emprego de pessoas portadoras de deficiência.

[44] Recomendação nº 99 da OIT: trata da reabilitação de pessoas portadoras de deficiência .

[45] Convenção 111 da OIT: aborda a discriminação em matéria de emprego e profissão.

Infelizmente, a maior parte das normas contidas na emenda supracitada, não obteve efetiva regulamentação por lei infraconstitucional, o que acabou por garantir direitos somente de forma escrita, mas com pouca – ou nenhuma, aplicação prática.

Por fim, abordando a Constituição de 1988, e suas disposições do preâmbulo da Constituição Federal, visando instituir uma sociedade fraterna, pluralista e sem preconceitos, caracterizam como valores supremos da sociedade a garantia do exercício dos direitos sociais e individuais, a liberdade, a segurança, o bem estar, o desenvolvimento, a igualdade e a justiça.

É neste contexto que a Constituição Federal dá início à proteção do tema. Acerca dos Direitos e Garantias Fundamentais, temos a previsão do art. 5º *caput.*

> Art. 5º Todos são iguais perante a lei, sem distinção de qualquer natureza, garantindo-se aos brasileiros e aos estrangeiros residentes no País a inviolabilidade do direito à vida, à liberdade, à igualdade, à segurança e à propriedade [...]

---

[46] Luiz Alberto David Araújo *apud* LOPES, *Op. Cit.* p.22

Ao passo que em seu art. 7°, XXXI, ao proibir todo e qualquer tipo de discriminação na admissão de uma pessoa portadora de deficiência no mercado de trabalho, passa a definir os contornos da proteção às pessoas com deficiência.

Em seguida, por força dos artigos 23 e 24, todos os entes são envolvidos na proteção dos portadores de deficiência com vistas a colocar em prática as políticas públicas sobre o tema e promover sua efetivação, independente da distribuição de competências.

> Art. 23. É competência comum da União, dos Estados, do Distrito Federal e dos Municípios:
> II - cuidar da saúde e assistência pública, da proteção e garantia das pessoas portadoras de deficiência.
> Art. 24. Compete à União, aos Estados e ao Distrito Federal legislar concorrentemente sobre:
> XIV - proteção e integração social das pessoas portadoras de deficiência.

Acerca da integração social e do direito ao trabalho digno, a Administração Pública, passa além de obedecer aos seus próprios princípios, a garantir a participação das pessoas com deficiência.

> Art. 37. A administração pública direta e indireta de qualquer dos Poderes da União, dos Estados, do Distrito Federal e dos Municípios obedecerá aos princípios de legalidade, impessoalidade, moralidade, publicidade e eficiência e, também, ao seguinte:
> VIII - a lei reservará percentual dos cargos e empregos públicos para as pessoas portadoras de deficiência e definirá os critérios de sua admissão.

No âmbito da assistência social, é garantida aos indivíduos portadores de deficiência a adoção de medidas a fim de atendê-la ainda que não tenha ocorrido a contribuição à assistência social.

> Art. 203. A assistência social será prestada a quem dela necessitar, independentemente de contribuição à seguridade social, e tem por objetivos:
> IV - a habilitação e reabilitação das pessoas portadoras de deficiência e a promoção de sua integração à vida comunitária.

Tal garantia permite a segurança não só daquelas pessoas que nasceram com algum tipo de deficiência, mas às pessoas que a adquiriram no decorrer da vida, como é o caso da fibromialgia, aqui estudada.

Em relação à educação, os artigos 208 e 227, apresentam o direito à educação facilitada e livre de preconceitos promovida pela família, pela sociedade e pelo Estado.

> Art. 208. O dever do Estado com a educação será efetivado mediante a garantia de:
> [...]
> III – atendimento educacional especializado aos portadores de deficiência, preferencialmente na rede regular de ensino.
>
> Art. 227. É dever da família, da sociedade e do Estado assegurar à criança, ao adolescente e ao jovem, com absoluta prioridade, o direito à vida, à saúde, à alimentação, à educação, ao lazer, à profissionalização, à cultura, à dignidade, ao respeito, à liberdade e à convivência familiar e comunitária, além

Os dispositivos citados, novamente revelam a preocupação do legislador com os objetivos Estatais, especialmente abordando o dever de todos de adotar meios de integração nos mais diversos sentidos, das pessoas com deficiência com a sociedade.

Sobre a acessibilidade, temos junto ao parágrafo 2º do artigo acima citado, que a lei disporá sobre normas para construção, em seguida, junto ao art. 244, apresentam-se normas complementares.

Tal artigo surge com vistas a não prejudicar as pessoas com deficiência em face das construções já existentes e passíveis de adaptação.

Diante da análise das Constituições que permearam o direito constitucional desde a instituição da República no Estado brasileiro, temos que os direitos assegurados às pessoas com deficiência terão eficácia a partir da conjugação das normas constitucionais com os meios adequados de acesso à justiça colocados à sua disposição.

3.2 O tema em legislação esparsa

Tamanha a importância da adequada proteção às pessoas com deficiência, não houve disciplina do tema somente perante a Constituição da República Federativa do Brasil, mas em inúmeros diplomas legais como Decretos, Leis e Portarias. Ao passo que a legislação permite verificar a necessidade da proteção das Pessoas com deficiências nas mais diversas situações cotidianas.

Em 9 de dezembro de 1975, a Organização das Nações Unidas aprovou a chamada Declaração dos Direitos das Pessoas com deficiências, objetivando sobretudo o respeito à dignidade da pessoa humana e o direito a terem consideradas todas as suas necessidades especiais quando da definição do planejamento socioeconômico.

> "Pessoas com deficiência têm o direito [...]
> ao respeito pela sua dignidade humana [...]
> aos mesmos direitos fundamentais que os concidadãos [...]
> a direitos civis e políticos iguais aos de outros seres humanos [...]
> a medidas destinadas a permitir-lhes a ser o mais autossuficientes possível [...]
> a tratamento médico, psicológico e funcional [e] a desenvolver suas capacidades e habilidades ao máximo [e]
> apressar o processo de sua integração ou reintegração social [...]
> à segurança econômica e social e a um nível de vida decente [...]
> de acordo com suas capacidades, a obter e manter o emprego ou se engajar em uma ocupação útil, produtiva e remunerada e se filiar a sindicatos [e] a ter suas necessidades especiais levadas em consideração em todas as etapas do planejamento econômico e social [...]
> a viver com suas famílias ou com pais adotivos e a participar de todas as atividades criativas, recreativas e sociais [e não] serem submetidas, em relação à sua residência, a tratamento diferencial, além daquele exigido pela sua condição [...]
> [a] serem protegidas contra toda exploração, todos os regulamentos e todo tratamento abusivo, degradante ou de natureza discriminatória[...]
> [e] a beneficiarem-se de assistência legal qualificada quando tal assistência for indispensável para a própria proteção ou de seus bens [...] "[47]

A Declaração proclamada pela ONU apresenta um marco na proteção às pessoas com deficiências e garante o

---

[47] Declaração sobre os Direitos das Pessoas com Deficiência, proclamada pela Assembleia Geral da ONU em 9 de dezembro de 1975.

incentivo para os mais diversos órgãos iniciarem políticas públicas garantidoras de direitos aos mais necessitados.

No Brasil, a Lei nº 7.853 de 24 de outubro de 1989, mostra-se como um dos mais importantes diplomas legais, pois, cria o CORDE[48], órgão governamental destinado à instituição e promoção de políticas públicas voltadas para as pessoas com deficiência, bem como institui a tutela jurisdicional de interesses coletivos ou difusos dessas pessoas. Inobstante, tal documento pode ser compreendido como um marco histórico ao constatar que nesta Lei são considerados além dos princípios constitucionais, os valores básicos da igualdade de tratamento e oportunidade, da justiça social, do respeito à dignidade da pessoa humana e do bem estar.

Ademais, em seu artigo 2º, é possível verificar tamanha abrangência do diploma legal, fato que daria início à efetiva proteção das pessoas com necessidades diversas da população do "homem médio".

> Art. 2º. Ao Poder Público e seus órgãos cabe assegurar às pessoas portadoras de deficiência o pleno exercício de seus direitos básicos, inclusive dos direitos à educação, à saúde, ao trabalho, ao lazer, à previdência social, ao amparo à infância e à maternidade, e de outros que, decorrentes da

---

[48] Coordenadoria Nacional para Integração da Pessoa Portadora de Deficiência, tendo sua denominação alterada no ano de 2009 para Subsecretaria Nacional de Promoção dos Direitos da Pessoa com Deficiência (SNPD).

Constituição e das leis, propiciem seu bem-estar pessoal, social e econômico.

Entretanto, apesar de tamanha relevância social e legislativa, somente no ano de 1999, promulga-se o Decreto 3.298 de 20 de dezembro, com o objetivo de regulamentar a Lei 7.853/89 e dispor sobre a Política Nacional para a Integração da Pessoa Portadora de Deficiência - PND.

A Política Nacional, nos termos do art. 1º do referido diploma legal compreende o conjunto de orientações normativas que objetivam assegurar o pleno exercício dos direitos individuais e sociais das pessoas com deficiência.

Passando a atuar de forma mais específica aos casos concretos, determinadas legislações passam a encarar de formas pontuais as questões sobre as pessoas com deficiências.

Um caso a ser tratado é o disposto junto à Lei 8.112 de 11 de dezembro de 1990. Tal legislação refere-se ao regime jurídico dos servidores públicos civis da União, das autarquias e das fundações públicas federais. Em seu art. 5º, §2º, especificamente, estão compreendidas orientações sobre as vagas destinadas às pessoas com deficiências.

§2º Às pessoas portadoras de deficiência é assegurado o direito de se inscrever em concurso público para provimento de cargo cujas atribuições sejam compatíveis com a deficiência de que são portadoras; para tais pessoas serão reservadas até 20% (vinte por cento) das vagas oferecidas no concurso.

Outra situação bastante relevante é a descrita junto à Lei. 8.213 de 24 de julho de 1991, a qual trata dos Planos de Benefícios da Previdência Social. Neste documento são assegurados aos beneficiários, a percepção de valores a fim de garantir os meios indispensáveis para a sobrevivência daqueles considerados 'incapacitados'[49].

Junto à mesma Lei, citados no art. 89, são garantidos aos beneficiários o direito à habilitação e reabilitação das pessoas com deficiências.

> Art. 89. A habilitação e a reabilitação profissional e social deverão proporcionar ao beneficiário incapacitado parcial ou totalmente para o trabalho, e às pessoas portadoras de deficiência, os meios para a (re)educação e de (re)adaptação profissional e social indicados para participar do mercado de trabalho e do contexto em que vive.

Sabendo-se que as síndromes ocasionadas por alterações de cunho orgânico, como é o caso da fibromialgia, nem sempre permitem que o indivíduo realize as atividades cotidianas de forma habitual, como trabalhar e desempenhar atividades necessárias à percepção de remuneração para garantir seu sustento, aborda-se junto à Assistência Social, um conjunto integrado de ações de iniciativa pública com o

---

[49] Termo retirado do art. 1º da Lei 8.213/91: A Previdência Social, mediante contribuição, tem por fim assegurar aos seus beneficiários meios indispensáveis de manutenção, por motivo de incapacidade, desemprego involuntário, idade avançada, tempo de serviço, encargos familiares e prisão ou morte daqueles de quem dependiam economicamente.

objetivo de garantir o atendimento às necessidades básicas dos cidadãos.

Neste sentido apresenta o inciso V, art. 1º da Lei 8.742 de 7 de dezembro de 1993 a "garantia de 1 (um) salário mínimo de benefício mensal à pessoa portadora de deficiência e ao idoso que comprovem não possuir meios de prover a própria manutenção ou de tê-la provida por sua família."

Priorizando o atendimento à pessoas com características específicas, a Lei nº 10.048 de 8 de novembro de 2000, garante às pessoas com deficiências, aos idosos com 60 anos ou mais, às gestantes, lactantes e pessoas acompanhadas por crianças de colo, o atendimento prioritário nas repartições públicas e empresas concessionárias de serviço público.

E, dando continuidade à garantia da acessibilidade, a Lei nº 10.098 de 19 de dezembro de 2000, em seu artigo 1º, dispõe:

> Art. 1º Esta Lei estabelece normas gerais e critérios básicos para a promoção da acessibilidade das pessoas portadoras de deficiência ou com mobilidade reduzida, mediante a supressão de barreiras e de obstáculos nas vias e espaços públicos, no mobiliário urbano, na construção e reforma de edifícios e nos meios de transporte e de comunicação.

Referido artigo assegura a proteção das pessoas com deficiência permitindo principalmente a mobilidade no meio urbano.

Inobstante, após décadas de esforços, adotou-se por meio de protocolo facultativo, a Convenção das Nações Unidas Sobre os Direitos das Pessoas com Deficiência, entrando em vigor na data de 3 de maio de 2008, a qual merece exemplar destaque acerca de suas disposições.

> A Convenção, de acordo com a ONU, é um instrumento de direitos humanos, com explícita dimensão de desenvolvimento social. Ela reafirma que todas as pessoas com todos os tipos de deficiência devem gozar de todos os direitos humanos e liberdades fundamentais – e esclarece exatamente como as categorias de direitos devem ser aplicadas. Além disso, identifica especificamente áreas onde adaptações precisam ser feitas para permitir às pessoas com deficiência que exerçam efetivamente seus direitos, bem como áreas onde seus direitos foram violados e onde a proteção de seus direitos deve ser reforçada.[50]

As desigualdades vividas pelas pessoas com deficiência, passam a ser ainda mais observadas pela ONU, ao passo que neste instante o assunto 'pessoas com deficiência' deixa de ser visto com pesar e caridade e passa a tratar tais indivíduos como os titulares de direitos e garantias que são.

---

[50] **A ONU e as pessoas com deficiência.** Disponível em: <http://www.onu.org.br/a-onu-em-acao/a-onu-e-as-pessoas-com-deficiencia/>. Acesso em: 25.ago.2011.

4 FIBROMIALGIA

As idéias precursoras da fibromialgia começaram a ser propostas nos anos de 1824 e 1841, onde pacientes relataram a existência de pontos musculares que apresentavam uma sensibilidade exacerbada à dor, porém neste momento histórico não havia denominação específica para os sintomas experimentados[51].

Quase meia década depois, foi que áreas musculares específicas foram submetidas à testes por meio de biópsias, sendo obtida a noção de que nas áreas estudadas, com apresentação de dor, ocorria um processo inflamatório supostamente no sistema conjuntivo[52]. Diante desta proposição que adotou a possibilidade da dor ser causada por processos inflamatórios, originou-se a primeira denominação para aquele conjunto de sintomas, adotando-se o termo: fibrosite[53].

> [...] Collins (1940) definiu fibrosite como sendo
> um estado doloroso agudo, subagudo ou crônico

---

[51] MARTINEZ, José Eduardo (Ed.) **Fibromialgia:** uma introdução. São Paulo: Educ, 1998. p.9.

[52] Adota-se o termo 'sistema conjuntivo' como Designativo do tecido que existe em todos os órgãos, enchendo os espaços entre as células específicas e garantindo a estabilidade da formação corporal.

[53] MARQUES, Amélia Pascoal. **Qualidade de vida de indivíduos com fibromialgia:** poder de discriminação dos instrumentos de avaliação. 2004. v. 1. Tese (Mestrado) - Curso de Medicina, Departamento de Fisioterapia, Fonoaudiologia e Terapia Ocupacional, Universidade de São Paulo, São Paulo, 2004. Cap. 1. p.1.

> dos músculos, tecido subcutâneo, ligamentos, tendões e aponeuroses (Graham, 1956 *apud* Martinez, 1998). Em 1977, Smythe restringiu o uso da palavra fibrosite à sintomatologia de pacientes que apresentavam dores musculoesqueléticas difusas acompanhadas de pontos dolorosos à dígito-pressão, fadiga, e distúrbios do sono. (Smythe e Moldofsky, 1977)[54]

Ainda sobre a fibrosite, Smythe chamou atenção para o problema encontrado em seus pacientes, por meio da publicação de um artigo em jornal médico, no ano de 79.

> Nele o médico indicou que ele e seus colegas estavam recebendo pacientes que não podiam ser diagnosticados com nenhuma doença musculoesquelética aceita, como a artrite reumatóide ou degenerativa, mas que pareciam assemelhar-se entre si para representar uma clara entidade clínica. Nesse e em diversos estudos subsequentes, ele propôs critérios para a definição dessa entidade, que chamou de *fibrosite* (o sufixo "ite" na palavra significa inflamação, e "fibro" indica tecido fibroso ou muscular).[55]

Apesar do avanço demonstrado pelo estudo de Smythe, a adoção do termo fibrosite é entendida por autores como José Eduardo Martinez como prejudicial aos estudos desenvolvidos.

---

[54] *Idem.*
[55] WADDELL, Dorothy. Fibromialgia. In: CATALANO, Ellen Mohr; HARDIN, Kimeron N. **Dores crônicas:** um guia para tratar e prevenir. São Paulo: Summus, 2004. Cap. 14, p.191.

> O estudo da fibromialgia sofreu atraso importante, em razão da utilização indevida do termo fibrosite, já que este englobava uma grande variedade de entidades patológicas que afetavam as partes moles do sistema musculoesquelético. Incluía desde acometimentos localizados, de várias etiologias, até queixas musculares difusas da fibromialgia propriamente dita.[56]

Entretanto, é preciso analisar com cautela o entendimento de Martinez, visto que apesar de extremamente abrangente, foram os conceitos iniciais de fibrosite definidos por Smythe que permitiram a evolução dos estudos referentes à fibromialgia, principalmente no tocante às associações sintomatológicas constatadas nos pacientes.

> Os critérios originais propostos por ele incluíam tanto a presença de sensibilidade dolorosa em locais específicos quanto perturbações do sono. Dificuldades para dormir estavam associadas a cansaço matinal e tensão, embora os testes laboratoriais para avaliação de funcionamento do fígado, rins, células sanguíneas e proteínas normalmente fossem normais. Isso contrastava com a maioria das outras doenças reumáticas (exceto a artrite degenerativa), nas quais os resultados de exames laboratoriais normalmente eram fora do padrão e podiam ser usados para determinar a causa da doença.[57]

Somente dez anos mais tarde, na década de 80, surgiram novos reumatologistas interessados em

---

[56] MARTINEZ, *Op. Cit.* p.10.
[57] WADDELL, *Op. Cit.* p.191-192.

compreender as manifestações descritas. Da união destes profissionais restou criado o termo fibromialgia.

> Eles optaram por um novo nome porque "fibrosite" provinha da crença inicial de que o problema resultava de músculos inflamados, mas os pesquisadores acabaram por determinar que a inflamação *não* está presente na fibromialgia.[58]

Sem dúvidas, os estudos desenvolvidos pelos médicos reumatologistas ainda tinham muito a ser transformados, mas já desempenhavam um grande papel no progresso científico a fim de encontrar as respostas que buscavam sobre a fibromialgia.

4.1. Conceito de fibromialgia

Há grande dificuldade em conceituar a fibromialgia diante da complexidade das queixas feitas pelos pacientes e a ausência de critérios específicos capazes de caracterizar e diagnosticar a síndrome[59]. Não raras as situações de diagnósticos equivocados por conta da generalidade e variedade de sintomas que acometem os indivíduos com fibromialgia.

---

[58] *Idem.*
[59] Síndrome é o conjunto de sintomas que se apresentam numa doença e que a caracterizam.

> Sua definição constitui motivo de controvérsia, basicamente pela ausência de substrato anatômico na sua fisiopatologia e por sintomas que se confundem com a depressão maior e a síndrome da fadiga crônica. Por estes motivos, alguns ainda consideram-na uma síndrome de somatização.[60]

Entende-se a fibromialgia como uma síndrome de somatização por ocasião dos inúmeros sintomas apresentados pelos pacientes. Desta forma, especialistas desenvolveram uma espécie de questionário contemplando as reclamações mais frequentes dos indivíduos e, diante do resultado obtido, acabava-se por constatar a fibromialgia nos pacientes, ainda que aparentemente o diagnóstico acabasse sendo realizado por 'exclusão'.

Na década de 90, o Colégio Americano de Reumatologia, liderado por Frederick Wolfe, passou a estabelecer critérios básicos capazes de auxiliar no estudo da fibromialgia. Foi por meio deste estudo que as primeiras queixas dos pacientes foram somadas e possibilitaram um diagnóstico genérico da síndrome da fibromialgia, separando estes indivíduos tanto das pessoas entendidas como 'normais' quanto das pessoas acometidas por doenças reumáticas.[61]

---

[60] PROVENZA JR, et al. Fibromialgia. Disponível em: <http://www.unifesp.br/ grupos/fibromialgia/fibromialgia.pdf>. Acesso em: 14.maio.2011.

[61] MATSUTANI, Luciana Akemi. **Eficácia de um programa de tratamento fisioterapêutico sobre a qualidade de vida de pacientes com fibromialgia.** 2003. 1 v. Tese (Mestrado) - Curso de Medicina, Departamento de Fisiopatologia Experimental, Universidade de São Paulo, São Paulo, 2003. p.06

> A síndrome da fibromialgia pode ser definida
> como uma síndrome dolorosa crônica, não
> inflamatória, de etiologia desconhecida, que se
> manifesta no sistema músculo-esquelético,
> podendo apresentar sintomas em outros
> aparelhos e sistemas.[62]

Depois de anos desenvolvendo entendimentos, Dorothy Waddell acaba por conceituar a fibromialgia.

> Fibromialgia é um quadro ampliado de dor que,
> por definição, afeta muitas áreas do corpo.
> Pontos específicos de seu corpo são dolorosos
> quando pressionados, mesmo que você não
> acredite que eles sejam a causa da dor, ou nem
> saiba que esses pontos existem. Outros
> sintomas característicos da fibromialgia são
> dificuldades para dormir, tensão geral e uma
> sensação contínua de cansaço.[63]

Este conceito apresenta-se como abrangente, e visa promover, sobretudo a facilitação na compreensão do tema.

4.2 Causas da fibromialgia

Apesar da realização de inúmeros estudos, nas mais diversas universidades do mundo, ainda não há qualquer definição exata sobre a causa da fibromialgia. Neste sentido Waddell relata a existência de crenças ou meras suposições

---

[62] SOCIEDADE BRASILEIRA DE REUMATOLOGIA, *Op. Cit.*
[63] WADDELL, *Op. Cit.* p.191.

dos pacientes sobre o que pode ter desencadeado as manifestações da síndrome.

> Aproximadamente metade das pessoas com fibromialgia acreditam que ela tenha começado com uma queixa específica de dor, por exemplo, uma dor no ombro ou no quadril que pareceu se espalhar para outras partes do corpo. Um quarto dos pacientes tem um histórico de estresse muito mais intenso que o comum, e sentem que esse foi o gatilho para o problema musculoesquelético. O restante dos pacientes não consegue identificar nenhuma causa.[64]

E prossegue aduzindo a hipótese da fibromialgia ter sua causa relacionada à falta de capacidades reguladoras no organismo.

> Smythe escreve a respeito de uma personalidade com tendência para a fibromialgia: essas pessoas parecem estar em "sobremarcha". Mesmo depois do surgimento da dor, a pessoa continua em frente, ignorando o problema físico e tentando superá-lo – talvez indo até a academia para exercitar-se ao fim de um dia de trabalho de dez horas. Embora o dr. Smythe tenha observado essa tendência para "exceder-se" nos pacientes de fibromialgia que ele atende, atualmente os pesquisadores não concordam que o padrão de "exceder-se" possa predispor alguém a apresentar fibromialgia. Nos indivíduos com esse histórico, o problema parece estar ligado à *desregulação* (perda da capacidade de regulação) na qual o corpo perde o senso de como relaxar e como recuperar a função musculoesquelética normal.[65]

---

[64] *Ibidem*. p.194.
[65] WADDELL, *Op. Cit.* p.194.

53

Para o médico reumatologista Eduardo Paiva, a síndrome não tem causa definida, mas aduz que em estudos foi constatado que pacientes com fibromialgia apresentam maior intolerância e sensibilidade à dor.

> Isto não é relacionado com o fato de se ser "forte" ou "fraco" para dor. Na verdade, seria como se o cérebro das pessoas com fibromialgia estivesse com um "termostato" desregulado, que ativasse todo o sistema nervoso para fazer a pessoa sentir mais dor. Desta maneira, nervos, medula e cérebro estariam fazendo que qualquer estímulo doloroso seja aumentado de intensidade.[66]

Para dinamizar a compreensão acerca da percepção da dor, o Professor Elbert Cantão, abordando situações cotidianas em pessoas normais, afirma que *"O trabalho muscular causa micro lesões normais nos músculos e isto acarreta em dores"* [67], no mesmo sentido, Paiva compara o comportamento muscular de pessoas 'normais' com o dos fibromiálgicos quando da realização das mesmas atividades.

> Uma parte do corpo que estamos sempre machucando no nosso dia-a-dia é a musculatura.

---

[66] PAIVA, Eduardo S. **Perguntas e respostas mais frequentes em Fibromialgia**: o que causa a fibromialgia? Disponível em: <http://www.fibromialgia.com.br/novosite/index.php?modulo=pacientes_perg_resp>. Acesso em: 10.maio.2011a.

[67] CANTÃO, Elbert. **Perguntas e respostas sobre musculação**: por que sentimos dor no dia eguinte à atividade física intensa? Disponível em: <http://www.bodyclubacademia.com.br/bodyclub/2010/05/ 16/112/>. Acesso em: 10.maio.2011.

> Em pessoas sem fibromialgia, estes pequenos traumas, distensões e tensões passam despercebidos. Na pessoa com fibromialgia as dores vindas destas lesões são amplificadas, e começa o grande "círculo vicioso" dentro do músculo: a musculatura fica dolorida e contrai (tensiona) e esta tensão leva a mais dor, que tensiona mais o músculo, e assim por diante. A pessoa começa a não dormir bem (vide adiante) e não se exercitar, o que piora a dor muscular, mantendo o ciclo.[68]

E prossegue afirmando que determinadas situações ocorridas na vida do paciente podem contribuir para o surgimento dos sintomas da fibromialgia, mas que ainda não há como determinar cientificamente a ocorrência destes casos.

> A fibromialgia pode aparecer depois de eventos graves na vida de uma pessoa, como um trauma físico, psicológico ou mesmo uma infecção grave. O mais comum é que o quadro comece com uma dor localizada crônica, que progride para envolver todo o corpo. O motivo pelo qual algumas pessoas desenvolvem fibromialgia e outras não ainda é desconhecido. [69]

4.3 Sintomas da fibromialgia

Dentro da literatura médica encontramos uma infinidade de sintomas apresentados pelos pacientes quando da busca por um profissional de saúde.

---

[68] PAIVA, *Op. Cit*.a.
[69] *Idem*.

> Uma definição anterior da fibromialgia incluía sintomas de outros problemas de saúde, que na verdade ocorrem em menos da metade dos pacientes com fibromialgia, mas que ainda assim são bem mais prevalentes do que na população em geral. Esses outros problemas incluem a síndrome do intestino irritável e dores de cabeça tensionais. Outras queixas incluem pequenas áreas de inchaço de tecido-mole que parecem mais proeminentes ao paciente do que a um observador externo, nódulos dolorosos no tecido abaixo da pele (subcutâneo), vermelhidão acentuada da pele quando pressionada ou esfregada, e, às vezes uma aparência "salpicada" (manchada) ou "quadriculada" (como se fosse uma rede), especialmente nos braços e nas pernas.[70]

Complementando os sintomas apresentados por Waddell, José Eduardo Martinez expõe mais sintomas presentes em seu entendimento sobre a fibromialgia, dentre os quais estão inclusas as dores musculoesqueléticas difusas, distúrbios do sono, fadiga, rigidez matinal de curta duração, sensação de edema, parestesias, cefaléia crônica e síndrome do cólon irritável.[71]

Não bastasse a grande quantidade de sintomas observados na fibromialgia, Martinez afirma ainda que existem determinadas condições ambientais capazes de promover alterações no rol de queixas dos fibromiálgicos.

> Outro aspecto relevante é a presença de vários fatores que podem influenciar a sintomatologia.

---

[70] WADDELL, *Op. Cit.* p.192.
[71] MARTINEZ, *Op. Cit.* p. 17.

> Observa-se, em nossos casos, a presença das seguintes características moduladoras: alterações climáticas, grau de atividade física e estressores emocionais.[72]

Demonstra-se como o entendimento da maioria dos autores, principalmente de Martinez, que a dor é, em todos os casos de queixas, o primeiro sintoma elencado pelos pacientes.

> O principal sintoma é, sem dúvida, a dor difusa. O Caráter da dor já recebeu diversas descrições: peso, aperto, queimação, dolorimento, etc.
> Habitualmente a dor é referida como generalizada, porém não é incomum a presença de áreas de maior intensidade. Geralmente, essas regiões estão associadas a distúrbios posturais ou atividades físicas repetitivas.[73]

Abordando outras duas situações não muito comuns também ligadas à dor, Martinez refere-se às chamadas alodíneas e disestesias.

> Fazem também parte da sintomatologia dolorosa a alodínea e as disestesias. Conceitua-se como alodínea a dor resultante de estímulo que não seria normalmente doloroso. Disestesia é a sensação desagradável que varia desde "amortecimento" até "agulhadas" sentidos nas extremidades.[74]

---

[72] MARTINEZ, *Op. Cit.* p.18.
[73] *Idem.*
[74] *Idem.*

Não se sabe ao certo qual a causa da dor nos fibromiálgicos, entretanto, autores como Martinez presumiam seu início nas tensões musculares, fato contrariado posteriormente em estudos, mas de grande valia, por permitir que novas pesquisas sobre a relação da fibromialgia com as dores musculares fossem realizadas.

> Uma outra hipótese sugere que a origem da dor, nessa síndrome, seria por tensão muscular excessiva, que conduziria a uma excitabilidade elevada de seus nociceptores, ocasionando hipertensão muscular e dor crônica [...]
> Uma hipótese bastante razoável para explicar o papel central do músculo na fibromialgia engloba, entre outros fatores, a microcirculação muscular e o microtrauma repetitivo do músculo. Fatores preexistentes (alterações nos receptores de serotonina, endorfina) e fatores precipitantes (trauma repetitivo, descondicionamento, distúrbios do sono) poderiam ativar nociceptores e mecanoceptores, que ocasionariam excitação na neurotransmissão da dor por meio do SNC e sistema nervoso simpático; a dor e a inatividade conduziriam ao descondicionamento do músculo e à fadiga, ficando o músculo mais exposto ao microtrauma.[75]

Segundo Martinez, outro fator bastante relevante no estudo da fibromialgia refere-se à possibilidade dos distúrbios do sono possibilitarem esta exposição muscular aos microtraumas, isto por conta da dificuldade dos pacientes para dormir e acordar bem dispostos, ou seja, não incorrem na efetivação do chamado sono restaurador, porém, não sabe-se com precisão os efeitos destes distúrbios no

---

[75] MARTINEZ, *Op. Cit.* p.27.

organismo humano, restando apenas algumas constatações médicas.

> Apesar dessa incerteza quanto à significância dos distúrbios do sono na fibromialgia, é bem conhecido que alterações, primárias ou secundárias, nos neuro-hormônios moduladores da dor exercem influência na fisiologia do sono e nos sintomas dessa síndrome. A deficiência de serotonina, um neuro-hormônio inibitório da dor, pode contribuir para as anomalias do sono, depressão e amplificação da dor.[76]

No mesmo sentido entende Waddell, acerca dos danos possíveis ocasionados pelas dificuldades para dormir e estabelecer o descanso noturno.

> [...] a interrupção sistemática do sono durante o Estágio 4 e também durante o Estágio 3 resultará num aumento da sensibilidade à dor, de dores de cabeça, e de dor no pescoço em metade ou mais dos sujeitos. Como esses são experimentos relativamente curtos, o efeito de muitos dias de privação de sono poderia ser ainda mais profundo. Se a falta de sono resulta em dor e ela é certamente a causa de um sono de má qualidade, a questão de qual é a causa e qual é efeito pode realmente se tornar bem complexa.[77]

De acordo com o entendimento de Eduardo Paiva, historicamente pensou-se que a disfunção do sono nos pacientes seria a responsável por originar a fibromialgia,

---

[76] *Ibidem.* p. 29
[77] WADDELL, *Op. Cit.* p.194.

pensamento não comprovado em estudos realizados posteriormente. E, segue afirmando que a grande maioria das pessoas com fibromialgia apresenta queixas relacionadas ao sono não reparador, o que tem o condão de aumentar a incidência de outros sintomas.

> A alteração do sono na fibromialgia é freqüente, afetando quase 95% dos pacientes. No início da década de 80 descobriu-se que pacientes com fibromialgia apresentam um defeito típico no sono - uma dificuldade de manter um sono profundo. O sono tende a ser superficial e/ou interrompido. Com o sono profundo interrompido, a qualidade de sono cai muito e a pessoa acorda cansada, mesmo que tenha dormido por um longo tempo. Isto aumenta a fadiga, a contração muscular e a dor.
> Por algum tempo, pensou-se que a alteração de sono era o que causava a fibromialgia. Hoje sabemos que este problema é conseqüência da dor, e não sua causa.[78]

Dando continuidade ao estudo da sintomatologia da síndrome, Eduardo Paiva considera a incidência de depressão em aproximadamente 50% dos pacientes, denotando a importância de sua detecção e tratamento tendo em vista a possibilidade da depressão em si, ser responsável pela piora do sono, aumento da sensação de cansaço e a falta da disposição do paciente para realizar suas atividades diárias.

---

[78] PAIVA, *Op. Cit.* a.

> A depressão está presente em 50% dos pacientes com fibromialgia. Isto quer dizer duas coisas: 1) a depressão é comum nestes pacientes e 2) nem todo paciente com fibromialgia tem depressão. Isto é importante, pois por muito tempo pensou-se que a fibromialgia era uma "depressão mascarada". Hoje, sabemos que a dor da fibromialgia é real, e não se deve pensar que o paciente está "somatizando", isto é, manifestando um problema psicológico através da dor.[79]

Para Martinez, a incidência da depressão nos pacientes diagnosticados com fibromialgia é bastante relevante.

> A maior parte de nossas pacientes apresentava essas características, que as definiam como depressivas crônicas. [...] Em relação aos distúrbios de personalidade, essa casuística mostra uma frequência de 63,8% desses distúrbios em pacientes com fibromialgia. [...]
> Uma vez estabelecida a associação entre fibromialgia e psicopatologia, seria importante determinar que tipo de relação é essa. A possibilidade de que as queixas depressivas sejam decorrentes de dor crônica é atrativa à grande parte dos autores.[80]

Este entendimento permite a suposição de que há relação entre a síndrome e o acometimento do paciente por uma moléstia psicopatológica, porém cumpre observar que não há determinação científica sobre o conteúdo desta possibilidade.

---

[79] *Idem.*
[80] MARTINEZ, *Op. Cit.* p.39-40.

4.4 Diagnóstico da fibromialgia

De acordo com o reumatologista Eduardo Paiva, o diagnostico da fibromialgia é realizado por meio de uma avaliação médica, não entendendo como necessária uma bateria de exames para sua constatação, mas considerando a possibilidade da realização de coleta e análise de sangue com vistas a eliminar a hipótese de outras manifestações clínicas.

> O diagnóstico da fibromialgia é clínico, isto é, não se necessitam de exames para comprovar que ela está presente. Se o médico fizer uma boa entrevista clínica, pode fazer o diagnóstico de fibromialgia na primeira consulta e descartar outros problemas. O melhor profissional para avaliar o paciente com fibromialgia é o reumatologista, pois ele é treinado para fazer o diagnóstico das doenças que acometem os músculos e as articulações, não deixando passar doenças que possam ser confundidas com fibromialgia.[81]

Por fim, Paiva considera que a dificuldade no diagnóstico da fibromialgia. se deve à falta de clareza do paciente quando da narração dos sintomas e da pouca familiarização dos profissionais da saúde com a síndrome.

---

[81] PAIVA, *Op. Cit.* a.

> Muitas vezes, o diagnóstico de fibromialgia não está claro na primeira vez que o paciente vai ao médico. Outras vezes, o médico não está familiarizado com o diagnóstico de fibromialgia, e acaba fazendo outro diagnóstico. Felizmente, graças a programas de educação médica continuada, isto vem acontecendo cada vez menos.[82]

Paiva ilustra que a dificuldade neste caso, se deve à falta de clareza do paciente quando da narração dos sintomas e da pouca familiarização dos profissionais da saúde com a síndrome.

4.5 Tratamento da fibromialgia

Como ainda não se tem conhecimento exato do que desencadeia a síndrome no organismo humano, o método utilizado muitas vezes acaba sendo realizado de forma experimental, não para tratar a fibromialgia em si mas para tentar controlar os prejuízos causados aos fibromiálgicos.

De acordo com Dorothy Waddell, muitos tratamentos para pessoas com fibromialgia têm sido buscados em diversos centros médicos da Europa e Estados Unidos.

---

[82] *Idem*

> Os tratamentos experimentais incluem o uso do *hormônio do crescimento,* uma substância que é importante não só no desenvolvimento normal da criança, mas também na regulação dos processos biológicos no adulto. Também está sendo experimentado o uso de drogas que afetam a capacidade dos nervos para carregar e transmitir mensagens a outros nervos. [...] O nervo responde às substâncias químicas neurotransmissoras em locais específicos, ou "receptores", nas terminações nervosas. Drogas que bloqueiem ou facilitem a transmissão dos impulsos nervosos podem fazer isso apenas para tipos específicos de nervos. Dessa maneira, dor e estado de espírito podem ser afetados. Está sendo feito um esforço considerável para identificar drogas que bloqueiem especificamente a transmissão da dor na fibromialgia, e alguns resultados promissores estão sendo relatados.[83]

Para Paiva, o tratamento da fibromialgia pode ser dividido em quatro etapas: a realização de exercícios, o tratamento adequado do sono, o tratamento para os sintomas dolorosos e o controle dos transtornos psicopatológicos, caso existam.

Sobre os exercícios, o reumatologista compreende que esta etapa pode ser entendida como a mais importante, pois garante uma melhor disposição ao paciente.

> [...] este é o ponto mais importante do tratamento. Costumo dizer que a pessoa com fibromialgia não se pode dar o luxo de não se exercitar. A atividade física regular é o único tratamento capaz de restaurar a pessoa para uma vida normal. Todos os outros passos do

---

[83] WADDELL, *Op. Cit.* p.195.

tratamento devem ter somente um objetivo: deixar a pessoa mais disposta para fazer atividade física. A atividade física deve ser realizada todos os dias, de duas maneiras: um exercício que mexa todo o corpo (aeróbico), como caminhar, nadar, correr ou praticar hidroginástica e exercícios que promovam o alongamento muscular. Os exercícios devem ser iniciados lentamente, e só depois de algum tempo é que se deve chegar ao tempo total: trinta minutos por dia. Mesmo depois que o paciente chegue a este nível de exercícios, pode haver uma demora de até um ano para que os benefícios comecem a aparecer. Por isso, quanto mais cedo se começar a atividade física, melhor.[84]

Visando garantir também a qualidade de vida ao paciente com fibromialgia, Paiva considera a necessidade de tratar os distúrbios do sono utilizando-se inclusive de exames médicos para diagnosticar qual o problema relacionado ao sono apresentado pelo indivíduo.

[...] o objetivo é melhorar a qualidade do sono, não a sua quantidade. O paciente terá que acordar mais descansado do que quando foi dormir. Para isso, utilizamos remédios específicos para cada caso. Os remédios mais utilizados são os antidepressivos tricíclicos, como a amitriptilina. Geralmente são usados não em uma dose para a depressão, mas pequenas doses, próprias para o sono. A vantagem desta medicação é que ela não causa dependência física. Outra medicação usada é a ciclobenzaprina, que é um relaxante muscular. Ela já foi estudada na fibromialgia, e apresenta bons efeitos no sono, na dor e na fadiga. Outras medicações são utilizadas em casos de problemas específicos, como na Síndrome das

---

[84] PAIVA, *Op. Cit.* a.

Pernas Inquietas. Em casos de dúvida um estudo do sono (polissonografia) pode ser pedido.[85]

Sendo a dor a principal queixa narrada pelos pacientes com fibromialgia, Paiva aborda a necessidade de intervenção medicamentosa visando sua diminuição. Segundo o reumatologista, não há medicamento analgésico capaz de eliminar a dor do fibromiálgico, mas existem fármacos capazes de garantir sua suportabilidade.

> [...] embora não exista um analgésico que tire toda a dor em um paciente com FM, este é um item importante no tratamento, pois o paciente deve ter a sua dor reduzida a um ponto que permita o início da atividade física. Este ponto tem sido mais valorizado desde que se descobriu que a dor dos pacientes é real. O tratamento deve ser iniciado com analgésicos leves, como o paracetamol e a dipirona, e outros analgésicos mais fortes podem ser usados se necessário. É muito comum que os pacientes esperem até o último minuto para tomarem analgésicos, quando a dor está "insuportável". Isto leva à piora da dor, pois a dor mal controlada leva à contração muscular, que leva a mais dor. A fibromialgia é um estado de dor crônica, e a dor deve ser tratada cronicamente, isto é, tomando-se analgésicos em horários pré-determinados. Em alguns pacientes, são encontrados na musculatura pontos de intensa contração muscular, semelhantes a pequenos caroços: são os "pontos-gatilho". Estes pontos são focos de dor, e pioram o quadro geral, Quando exercícios de alongamento não os resolvem, o médico pode lançar mão de técnicas de injeção de anestésico local nestes pontos, que geralmente são bastante efetivas.[86]

---

[85] *Idem.*

Paiva relata ainda que descobrir se os transtornos psicopatológicos são causa ou consequência da fibromialgia não é uma situação que a ser considerada, devendo ser dada atenção à necessidade da realização de um tratamento adequado dos pacientes que apresentam as manifestações psicológicas.

> [...] não se deve perder tempo pensando se as manifestações de alterações do humor, desânimo e tristeza são a causa ou a conseqüência da FM. Se estes sintomas estão presentes, devem ser tratados adequadamente. Na maioria das vezes, o reumatologista pode prescrever ansiolíticos ou antidepressivos para o paciente com FM; se o caso for grave, o paciente pode ser encaminhado para um psiquiatra. Existem técnicas psicológicas, como a terapia cognitivo-comportamental, que têm sido estudadas na fibromialgia, com bons resultados. São técnicas de manejo de estresse e de como lidar com as limitações que a fibromialgia traz à vida das pessoas. Estas técnicas podem ser usadas em pacientes com ou sem depressão.[87]

Referido autor considera que tantas outras práticas já foram realizadas com o objetivo de tratar a fibromialgia sem que obtivessem casos de sucesso. Entretanto ressalta que algumas medidas clínicas podem contribuir para uma melhor qualidade de vida dos pacientes, como a utilização de acupuntura para os casos em que o indivíduo apresente dor

---

[86] *Idem.*
[87] PAIVA, *Op. Cit.* a.

localizada e resistente e a aplicação de injeções endovenosas de lidocaína[88], as quais apresentaram resultados tão interessantes que passaram a merecer atenção médica visando um estudo avançado da técnica.[89]

Por fim, aborda um trabalho exposto no Congresso do Colégio Americano de Reumatologia, realizado em Atlanta, no ano de 2010, pelo grupo da Oregon Health and Sciences University, de Portland, onde uma nova técnica foi apresentada, tratando-se da estimulação cerebral dos pacientes com fibromialgia.

> Basicamente, a estimulação cerebral é na verdade uma estimulação da parte cinzenta do cérebro (córtex), por meio de uma corrente elétrica ou ondas magnéticas, desta maneira levando a alterações nas conexões cerebrais, diminuindo os sintomas. Diferentemente da eletroconvulsoterapia (eletrochoque), o paciente fica consciente durante todo o tempo, sem necessidade de anestesia. Tanto a estimulação magnética como a elétrica ainda não têm aprovação no uso na FM, mas habitualmente são métodos seguros e com poucos efeitos colaterais.[90]

---

[88] Lidocaína: é um fármaco do grupo dos anestésicos frequentemente utilizado para os casos de dor local, responsável pelo bloqueio dos canais de sódio presentes nas células dos nervos periféricos.

[89] PAIVA, *Op. Cit.* a.

[90] PAIVA, Eduardo S. **Novidades do Congresso Americano de Reumatologia:** eletroestimulação cerebral. Disponível em: <http://www.fibromialgia.com.br/novosite/index.php?modulo=pacientes_outros_editais&id_mat=97>. Acesso em: 12.maio.2011b.

Após a realização do estudo, constatou-se que o grupo de pacientes que recebeu tratamento ativo, apresentou queixas sobre uma quantidade menor de pontos dolorosos, enquanto que os pacientes que receberam o tratamento sob a forma de 'placebo' demonstraram menor benefício. Apesar da grande discussão acerca dos métodos adotados, tal estudo aponta um grande desenvolvimento dos estudos e pesquisas que buscam preencher todas as lacunas ainda existentes quando o assunto é a síndrome da fibromialgia.[91]

---

[91] *Idem.*

5 O ENQUADRAMENTO LEGAL DOS FIBROMIÁLGICOS COMO PESSOAS COM DEFICIÊNCIA: CONSEQUÊNCIAS JURÍDICAS E SOCIAIS

A Organização das Nações Unidas apresenta dados alarmantes acerca do total desamparo às pessoas com deficiências.

> Cerca de 10% da população mundial, aproximadamente 650 milhões de pessoas, vivem com uma deficiência. São a maior minoria do mundo, e cerca de 80% dessas pessoas vivem em países em desenvolvimento. Entre as pessoas mais pobres do mundo, 20% têm algum tipo de deficiência. Mulheres e meninas com deficiência são particularmente vulneráveis a abusos. Pessoas com deficiência são mais propensas a serem vítimas de violência ou estupro, e têm menor probabilidade de obter ajuda da polícia, a proteção jurídica ou cuidados preventivos. Cerca de 30% dos meninos ou meninas de rua têm algum tipo de deficiência, e nos países em desenvolvimento, 90% das crianças com deficiência não frequentam a escola.[92]

Em que pesem as dificuldades vividas pelas pessoas com deficiências, evidenciadas durante o presente trabalho, as pessoas acometidas pela síndrome da fibromialgia, além de sofrerem com os sintomas dela decorrentes, apresentam um histórico com inúmeros episódios de dificuldades enfrentadas na vida social, familiar e no ambiente de trabalho.

---

[92] **A ONU e as pessoas com deficiência.** Disponível em: <http://www.onu.org.br/a-onu-em-acao/a-onu-e-as-pessoas-com-deficiencia/>. Acesso em: 25.ago.2011.

Ao passo que inúmeros procedimentos jurídicos vêm acontecendo para garantir a efetiva proteção dos fibromiálgicos como pessoas com deficiências.

5.1 Consequências jurídicas

Segundo o Corde, o pleno exercício dos direitos individuais e sociais das pessoas com deficiências, e sua efetiva integração social, devem ser atendidos.[93]

Garantir a efetiva proteção jurídica aos fibromiálgicos compreendendo-os como pessoas com deficiências permite sobremaneira que os valores de igualdade de tratamento e oportunidade, a justiça social, o respeito à dignidade da pessoa humana e do bem estar, previstos na Constituição da República sejam atendidos, conforme art. 1º, §2º da Lei 7.853/89[94].

---

[93] Observações realizadas junto à Lei 7.853/89 que dispõe sobre o apoio às pessoas portadoras de deficiência, sua integração social, sobre a Coordenadoria Nacional para Integração da Pessoa Portadora de Deficiência (Corde), institui a tutela jurisdicional de interesses coletivos ou difusos dessas pessoas, disciplina a atuação do Ministério Público, define crimes, e dá outras providências.

[94] Art. 1º Ficam estabelecidas normas gerais que asseguram o pleno exercício dos direitos individuais e sociais das pessoas portadoras de deficiência, e sua efetiva integração social, nos termos desta lei.

§ 1º Na aplicação e interpretação desta lei, serão considerados os valores básicos da igualdade de tratamento e oportunidade, da justiça social, do respeito à dignidade da pessoa humana, do bem-estar, e outros, indicados na Constituição ou justificados pelos princípios gerais de direito.

No que compete às ações governamentais, conforme as disposições do parágrafo 2º do artigo 1º, da lei 7.853/89, a atenção às pessoas com fibromialgia visa garantir que as disposições legais e principalmente constitucionais, afastem as discriminações e os preconceitos assegurando plena integração social.[95]

Ao passo que a proteção dos indivíduos diagnosticados com a síndrome da fibromialgia pelo Poder Público assevera o pleno exercício de seus direitos básicos, inclusive dos direitos à educação, à saúde, ao trabalho, ao lazer, à previdência social, ao amparo à infância e à maternidade, e de outros que, decorrentes da Constituição e das leis, propiciem seu bem-estar pessoal, social e econômico, nos termos do art. 2º da Lei 7.853/89.[96]

Inobstante as disposições legislativas, faz-se necessária a participação efetiva da sociedade na construção e efetivação dos direitos não somente aos fibromiálgicos, mas a todos os portadores de deficiência, a fim de garantir o tratamento igualitário a todos que dela fazem parte.

---

[95] § 2º As normas desta lei visam garantir às pessoas portadoras de deficiência as ações governamentais necessárias ao seu cumprimento e das demais disposições constitucionais e legais que lhes concernem, afastadas as discriminações e os preconceitos de qualquer espécie, e entendida a matéria como obrigação nacional a cargo do poder público e da sociedade.

[96] Art. 2º Ao poder público e seus órgãos cabe assegurar às pessoas portadoras de deficiência o pleno exercício de seus direitos básicos, inclusive dos direitos à educação, à saúde, ao trabalho, ao lazer, à previdência social, ao amparo à infância e à maternidade, e de outros que, decorrentes da Constituição e das leis, propiciem seu bem-estar pessoal, social e econômico.

Diante disto, demonstrando a relevância de garantir que aos fibromiálgicos sejam asseguradas as mesmas condições dadas aos portadores de deficiência, pois assim o são, tramitam atualmente, perante o Congresso Nacional, dois Projetos de Lei que, apesar de bastante pontuais, significam o avanço legislativo no Estado brasileiro no tocante à efetivação de direitos e garantias fundamentais.

O primeiro Projeto de Lei de n°1368/1999, tem como objetivo alterar a Lei 7.713/88 e isentar do imposto de renda os proventos de aposentadoria ou reforma percebidos pelos portadores de artrite reumatóide e fibromialgia, por compreender que ambas as situações submetidas à apreciação, podem ser consideradas doenças graves.[97]

Já o segundo Projeto de Lei, cujo número é 2677/2003, visa alterar o art. 1º, inciso V, da Lei 8.989/95, e o art. 72, inciso IV, da Lei nº 8.383/91, a fim de isentar os fibromiálgicos e os portadores de artrite reumatóide do recolhimento de IPI e do IOF para aquisição de veículos automotores.[98]

---

[97] A justificativa apresentada afirma que "Por meio do art. 6º da Lei 7.713, de 22 de dezembro de 1988, alterado pelas Leis 8.541 de 23 de dezembro de 1992 e 9.250 de 26 de dezembro de 1995, foram beneficiados com a isenção os portadores de diversas doenças graves, como a paralisia irreversível e incapacitante, a espondiloartrose anquilosante, a nefropatia grave e estados avançados da doença de Paget (osteíte deformante). A nosso ver, não se justifica a exclusão, dessa lista, da artrite reumatóide e da fibromialgia, que apresentam sintomas semelhantes a diversas doenças já beneficiadas com a isenção do imposto de renda."

[98] A justificativa apresentada foi a seguinte: "O Deputado Geraldo Magela apresentou nesta Casa, em 1999, um Projeto de Lei que isentava aos portadores de fibromialgia e artrite reumatóide o pagamento de IPI e IOF na aquisição de veículos automotores. O referido Projeto de Lei não

Outro caso importante foi abordado pelo Tribunal de Justiça do Estado do Mato Grosso, o qual demonstrou assegurado o direito à aposentadoria por invalidez, à funcionária pública pelo fato de ter sido acometida pela síndrome da fibromialgia, cabendo neste caso, citar o parecer do Sr. Procurador de Justiça:

> Trata-se de pedido de aposentadoria por invalidez fundado em um mal, a Fibromialgia, que pode ser considerado recentemente identificado no campo das enfermidades incapacitantes. Daí não integrar, ainda, o rol legal respectivo. Mas o dano que causa é patente. Tanto que a Impetrante, há vários anos, está, como ela mesma diz, 'desviada da função', ou seja, comparece à repartição apenas para fazer-se presente no local de trabalho.
> O mal de que padece caracteriza-se por infligir dores musculares contínuas e penosas, que, pela insistência, fulminam as condições físicas e psíquicas
> necessárias ao desempenho de qualquer atividade.
> Apesar de ter recebido especificação médica apenas recentemente e ainda ser objeto de confusão diagnóstica, a literatura que se tem a respeito já é bastante vasta e profunda, suficiente a assentar a certeza de tratar-se de mal incapacitante para o trabalho. A Revista Brasileira de Reumatologia nº 46, de janeiro/fevereiro de 2006, veicula artigo bem esclarecedor a respeito da reatividade emocional que esse mal impõe ao paciente, tornando-o

conseguiu cumprir toda a tramitação legal e, por força regimental, foi devidamente arquivado.

No entanto, acreditamos que essa não é absolutamente uma matéria vencida pois, da mesma forma que os deficientes, os portadores de artrite reumatóide e de fibromialgia, dependendo do estado da doença, não têm condições de dirigir automóveis convencionais, podendo, entretanto, dirigir automóveis adaptados.

vítima de distúrbios psicossociais coexistentes com desordens psiquiátricas, a ponto de levá-lo à perda da necessária adaptabilidade às atividades ocupacionais, especialmente as exigentes de concentração mental.

Ora, sabemos que o Direito é dinâmico, que, se preservado retido aos limites gráficos dos textos legais, perde o sentido, a utilidade social que lhe é a razão de ser.

O texto legal não se atualiza automaticamente. Mas, para complicar, também não impede que a experiência social, que lhe formata o campo de atuação, se alargue de modo a revelar que o significado do texto legal, a norma jurídica em si, é que deve ser objeto de atualização constante. Submetido a tal experimento, ele nunca envelhece.

Por isso, considerado que a Constituição da República admite a aposentadoria especial exigida por enfermidade incapacitante e provado que a Impetrante é vítima de mal comprovadamente incapacitante, embora que não incluído no rol legal, não vemos razão para que não usufrua da previsão constitucional. Afinal a preocupação da Constituição não está em que a lei exaura a previsão das enfermidades incapacitantes, mas, sim, que discipline a inativação das pessoas que elas vitimam, o que se faz mediante atestação médica, independentemente de a literatura jurídica noticiar o mal incapacitante.

Daí retificarmos o douto parecer escrito, falando em apoio ao deferimento do pedido.[99]

Pelo exposto, ratifica-se que a fibromialgia ainda não é reconhecida como síndrome capaz de delinear o indivíduo com uma deficiência, competindo então ao julgador analisar

---

[99] Mandado de Segurança n° 11.4073/2007. Tribunal de Justiça do Mato Grosso. Segunda Turma de Câmaras Cíveis Reunidas. Ementa: APOSENTADORIA – INVALIDEZ PERMANENTE – FIBROMIALGIA – DOENÇA INCAPACITANTE – GRAVE E INCURÁVEL – RECONHECIMENTO OFICIAL – PREVISÃOCONSTITUCIONAL (ART. 40, § 1°, I).

os fatos e aplicar principalmente os princípios da relativização e da proporcionalidade, aos casos concretos, posto que na maioria das vezes a lei não acompanha a evolução do nosso dia-a-dia.

5.2 Consequências sociais

De acordo com Sanchez Silva, médico e presidente do Núcleo de Apoio à Fibromialgia de Portugal, a família é a base para a melhora dos pacientes. Normalmente pela falta de conhecimento sobre a Fibromialgia, o doente acaba sendo chamado de "preguiçoso" ou mesmo de "emocionalmente desequilibrado", o que aumenta ainda mais o sofrimento. Entretanto, após o conhecimento de todas as situações envolvendo a fibromialgia e seus efeitos, por parte dos familiares, é possível garantir um maior suporte tanto ao doente quanto aos próprios conviventes.[100]

No ambiente de trabalho, a situação não é diferente. Por conta das dores, o empregado muitas vezes não tem condições físicas e mentais de realizar suas atividades laborais com a mesma desenvoltura com que o fazia antes dos primeiros sintomas da fibromialgia. O preconceito diante do trabalho desenvolvido de forma insatisfatória ocasiona um

---

[100] SILVA, Sanchez. **Algumas Notas sobre Fibromialgia:** A fibromialgia e o doente. Disponível em: <http://www.apdf.com.pt/o_que_e.php>. Acesso em: 26.ago.2011.

meio hostil capaz de prejudicar ainda mais a recuperação do paciente. Para Sanchez Silva, "Devem-se diminuir os níveis de Stress do doente, respeitando os seus Ritmos de trabalho e/ou mudando de Actividade profissional".[101]

No tocante à vida social dos indivíduos portadores de fibromialgia, evidencia-se que a possível incapacidade inerente à síndrome, promove a diminuição tanto da qualidade de vida quanto da participação no meio em que se insere. As fortes dores comumente narradas fazem com que os pacientes passem mais tempo em casa, prejudicando sobremaneira o lazer e o desenvolvimento de atividades com a finalidade de atingir melhoras nos quadros dolorosos. Cumpre ressaltar que o preconceito em relação aos fibromiálgicos ocasiona ainda mais segregação no meio social, ao passo que os gastos com serviços de saúde prejudicam ainda mais a subsistência dos pacientes.

Sanchez apresenta que as dificuldades em torno da síndrome da fibromialgia não ocorrem somente no Brasil, segundo o autor, Portugal, "ainda não facilita a estes doentes os direitos que lhes deveriam ser atribuídos, de acordo com o reconhecimento da patologia já existente, revelando-se duplamente penalizante para o doente e agregado familiar".[102]

---

[101] SILVA. *Op. Cit.a*
[102] *Idem*

Para Teresa de Araújo, uma fibromiálgica, toda a falta de conhecimento acerca da síndrome acaba por piorar a situação dos pacientes.

> Ser portador de uma síndrome, seja ela qual for, é complicado devido à variedade de sintomas com os quais o paciente tem que lidar. A síndrome de fibromialgia, além da dor crônica, apresenta alguns agravantes que tornam a convivência com a doença ainda mais desgastante.
> [...]A invisibilidade da doença para as pessoas do círculo familiar, social e profissional traz sentimentos de rejeição, incompreensão e desamparo; agrega tensão às relações pessoais e leva o paciente gradativamente ao isolamento. Esse quadro de sofrimento é agravado pelos distúrbios do sono, que transformam o dia em suplício e a noite em solidão, afastando o paciente ainda mais do convívio familiar.[103]

Entretanto, é preciso paciência e dedicação a fim de compor políticas públicas eficientes, a fim de evitar que a falta de divulgação e estudos sobre a fibromialgia e a superficialidade com que tem sido tratada, ocasionem ainda mais transtornos e acabem por segregar cada vez mais a vida das pessoas acometidas pela síndrome da fibromialgia.

---

[103]ARAÚJO, Teresa Cristina Góes de. **Muito além da dor.** Disponível em: <http://www.fibromialgiabrasil.com.br/art_muitoalemdador.htm>. Acesso em: 21.set.2011.

CONCLUSÃO

Elencar o fibromiálgico como um indivíduo portador de deficiência, não se trata somente de aplicar a legislação *erga omnes*, mas de compreender o que efetivamente é uma deficiência e como as pessoas com deficiência ainda não conhecidas amplamente pela população, podem contribuir com o desenvolvimento da própria sociedade.

A deficiência, não deve ser compreendida somente como a ausência de um membro, a utilização de cadeira de rodas, a loucura ou o retardo mental. Ela está para além disso, compreendendo-se inclusive por enfermidades que os indivíduos tidos como 'normais' não são capazes de identificar sem que possuam conhecimento técnico específico.

A necessidade de buscar a concretização de novas formas de abordagem das pessoas com deficiências tratando-as de forma menos estigmatizante, é medida que se impõe com o fim de favorecer, sobretudo a construção de uma sociedade mais humana. A existência de uma restrição física, mental ou sensorial, seja ela permanente ou transitória, é uma situação que limita, mas não impede que sejam exercidas as atividades essenciais da vida diária, ainda que causada ou agravada pelo ambiente econômico e social.

O estudo realizado demonstra que a fibromialgia é passível de ser inserida no rol de deficiências, posto que os pacientes portadores da síndrome necessitam de tratamento adequado, medicamentoso e psicológico para que tenham condições de sobrevivência, possam trabalhar e exercer seus direitos e deveres como qualquer outro membro da sociedade.

A correta ampliação do rol das deficiências, a efetiva aplicação da Legislação brasileira e a cultura da população neste sentido, é o caminho a ser trilhado para salvaguardar maior dignidade àqueles que apesar de portarem deficiências, são plenamente capazes de cumprir com suas funções dentro da sociedade.

Com a ampliação do conceito da fibromialgia compreendendo-a como uma deficiência, torna-se possível não somente a integração destes indivíduos com a sociedade, permitindo o conhecimento da população acerca da existência síndromes muitas vezes ignoradas ou julgadas como irrelevantes, mas a abrangência legislativa da síndrome, o que garante essencial visibilidade perante os órgãos governamentais responsáveis pela implementação de políticas públicas eficazes e por consequência, assegura direitos anteriormente ignorados, como os exemplos mais significativos referentes aos benefícios previdenciários e as isenções tributárias.

No tocante ao direito tributário, as políticas amplamente mencionadas no presente trabalho demonstram que com as isenções do imposto de renda e reduções do IPI na aquisição de veículos, permitem não somente estas conquistas, mas garantem a participação dos fibromiálgicos tanto social quanto economicamente no meio em que estão inseridos.

Acerca dos benefícios previdenciários, a decisão dos tribunais em garantir a aposentadoria por invalidez à pessoa com fibromialgia, demonstra sobremaneira o caminho rumo ao desenvolvimento, pois denotam a adequação da Constituição brasileira e da legislação esparsa à realidade encontrada no meio social.

Tais exemplos configuram a atenção às pessoas com deficiência, especialmente aos fibromiálgicos pelo ordenamento jurídico brasileiro, de forma crescente, permitindo que mais direitos lhes sejam garantidos e abrindo sem dúvidas precedentes para que outras deficiências possam ser abarcadas pela legislação a fim de garantir cada vez mais a proximidade da igualdade entre as pessoas.

REFERÊNCIAS

ANDRADE, Fábio Santos de. **Fatos históricos sobre os portadores de necessidades especiais e também o contexto historiográfico dos jogos e brincadeiras ao longo dos tempos.** Disponível em: <http://www.webartigos.com/articles/22485/1/FATOS-HISTORICOS-SOBRE-OS-PORTADORES-DE-NECESSIDADES-ESPECIAIS-E-TAMBEM-O-CONTEXTO-HISTORIOGRAFICO-DOS-JOGOS-E-BRINCADEIRAS-AO-LONGO-DOS-TEMPOS/pagina1.html> Acesso em: 12.mar.2011.

ARAUJO, Luiz Alberto David et al. (Org.). Pessoa Portadora de Deficiência: o enquadramento constitucional dos fenilcetonúricos. In: ARAUJO, Luiz Alberto David et al. **A proteção da pessoa portadora de deficiência:** um instrumento de cidadania. Bauru: Edite, 2006.

______. **A Proteção Constitucional das Pessoas Portadoras de Deficiência.** Brasília: Corde, 1996.

ARAÚJO, Teresa Cristina Góes de. **Muito além da dor.** Disponível em: <http://www.fibromialgiabrasil.com.br/art_muitoalemdador.htm>. Acesso em: 21.set.2011.

BENJAMIN, Antonio Herman de Vasconcelos e. **A tutela das pessoas portadoras de deficiência pelo Ministério Público.** São Paulo: Revista Advocacia Pública & Sociedade, 1997.

CALAIS, Camila Leal; GUIJARRO, Elaine Campos. A proteção internacional da pessoa portadora de deficiência mental. In: ARAUJO, Luiz Alberto David. **Direito da Pessoa Portadora de Deficiência:** uma tarefa a ser completada. Bauru: Edite, 2003.

CANTÃO, Elbert. **Perguntas e respostas sobre musculação:** por que sentimos dor no dia seguinte à atividade física intensa? Disponível em: <http://www.bodyclubacad   emia.com.br/bodyclub/2010/05/16/112/>. Acesso em: 10.maio.2011.

DANTAS, Lucas. **Inclusão PNE porque diferenças não existem:** Histórico de deficiência. Disponível em: <http://inclusaopne.blogspot.com/2008/09/historico-de-deficiencia.html>. Acesso em: 08.mar.2011.

FREITAS, Ana Paula Ribeiro. **A educação escolar de jovens e adultos com deficiência:** do direito conquistado à luta por sua efetivação. 2010. p. 36. Dissertação (Mestrado) - Curso de Educação, Departamento de Faculdade de Educação, Universidade de São Paulo, São Paulo, 2010.

LOPES, Glaucia Gomes Vergara. **A Inserção do portador de deficiência no mercado de trabalho:** a efetividade das leis brasileiras. São Paulo: Ltr, 2005.

MARQUES, Amélia Pascoal. **Qualidade de vida de indivíduos com fibromialgia:** poder de discriminação dos instrumentos de avaliação. 2004. v. 1. Dissertação (Mestrado) - Curso de Medicina, Departamento de Fisioterapia, Fonoaudiologia e Terapia Ocupacional, Universidade de São Paulo, São Paulo, 2004.

MARTINEZ, José Eduardo (Ed.) **Fibromialgia:** uma introdução. São Paulo: Educ, 1998.

MATSUTANI, Luciana Akemi. **Eficácia de um programa de tratamento fisioterapêutico sobre a qualidade de vida de pacientes com fibromialgia.** 2003. v.1 Dissertação (Mestrado) - Curso de Medicina, Departamento de Fisiopatologia Experimental, Universidade de São Paulo, São Paulo, 2003.

NOGUEIRA, Carolina de Matos. **A história da deficiência:** tecendo a história da assistência a criança deficiente no Brasil. Dissertação (Mestrado) - Departamento de Ciências Sociais Programa De Pós-graduação De Mestrado Em Políticas Públicas E Formação Humana, Universidade do Estado do Rio de Janeiro, Rio de Janeiro, 2008.

PAIVA, Eduardo S. **Perguntas e respostas mais frequentes em Fibromialgia:** o que causa a fibromialgia? Disponível em: <http://www.fibromialgia.com.br/novosite/ index.php?modulo=pacientes_perg_resp>. Acesso em: 10.maio.2011a.

______. **Novidades do Congresso Americano de Reumatologia:** eletroestimulação cerebral. Disponível em: <http://www.fibromialgia.com.br/ novosite/index.php?modulo=pacientes_ outros_editais&id_mat=97>. Acesso em: 12.maio.2011b.

PROVENZA JR, *et al.* **Fibromialgia.** Disponível em: <http://www.unifesp.br/ grupos/fibromialgia/fibromialgia.pdf>. Acesso em: 14.maio.2011.

RIBAS, João Baptista Cintra. **O que são pessoas deficientes.** 6ª Ed. São Paulo: Brasiliense, 1994.

SASSAKI, Romeu Kazumi. **Como chamar as pessoas que têm deficiência?**

Disponível em: <http://saci.org.br/index.php?modulo=akemi&parâmetro =5497>. Acesso em: 23.nov.2011.

______. **Inclusão: construindo uma sociedade para todos.** Rio de Janeiro: Wva, 1997.

SEGALLA, Conrado Rodrigues; ALENCAR, Priscila Montoro de (Org.). Manicômio: O tapete da sociedade? Uma breve reflexão sobre o movimento antimanicomial e a aplicação de medida de segurança aos portadores de deficiência mental.. In: ARAUJO, Luiz Alberto David. **Direito da Pessoa Portadora de Deficiência:** uma tarefa a ser completada. Bauru: Edite, 2003.

SCHEWINSKY, Sandra Regina. **A barbárie do preconceito contra o deficiente:** todos somos vítimas. Disponível em: http://www.actafisiatrica.org.br/v1%5Ccontrole/secure/Arquivo s/AnexosArtigos/A87FF679A2F3E71D9181A67B7542122C/ar tigo%2001%20acta_v11_n01.pdf>. p. 8. Acesso em: 28.ago.2011.

SILVA, Cristiane Ribeiro da. **Panorama histórico dos direitos sociais e a pessoa portadora de deficiência.** Disponível em: http://www.lfmaia.com.br/site/index .php?option =com_content&task=view&id=47&Itemid=43>. Acesso em: 12.mar.2011._a._

SILVA, Otto Marques da. **A epopéia ignorada:** a pessoa deficiente na história do mundo de ontem e hoje. São Paulo: Cedas, 1986._b._

WADDELL, Dorothy. Fibromialgia. In: CATALANO, Ellen Mohr; HARDIN, Kimeron N. **Dores crônicas:** um guia para tratar e prevenir. São Paulo: Summus, 2004.